此書獻給映萱與以明。

神說，應該要有光，於是我的世界有了你們。

文學研究叢書・古典文學叢刊

三國學跨界研究

林盈翔　著

推薦序

博雅與跨界
——序林盈翔教授《三國學跨界研究》

一

　　六十多年前念高中，上國文課背誦到〈岳陽樓記〉，最喜歡的倒不是「先天下之憂而憂，後天下之樂而樂」的千古名言。在那太平歲月卻略嫌沉悶的年代，此言讀來雖能一時撼動心弦，但總覺得渺不可及，並不具體。倒是那句「予觀夫巴陵勝狀，在洞庭一湖。銜遠山，吞長江，浩浩湯湯，橫無際涯。」令人眼前為之閃亮，心胸為之一擴。暫時忘卻身困小鎮，高中生面對大學聯考時的侷促。尤其讀到「然則北通巫峽，南極瀟湘」十個字時，總會暫時激起擁抱天地、走遍天涯的雄心壯志。最動人的是「北通」、「南極」那種充滿意志力的「動態意象」，就此深埋生命深層。爾後讀《史記》「究天人之際，通古今之變」，其實是來自「北通巫峽，南極瀟湘」中「通與極」的悸動與啟發。

二

　　讀了大學，相識的朋友們開始流行「博雅」兩個字。於是《昭明文選》固然要讀，可是赫曼・赫塞（Hermann Karl Hesse）《鄉愁》不能不知，「尼采」、「叔本華」當然是朋友見面時的「問候語」。就連西洋古典音樂也不放過，蕭邦《E 小調第一鋼琴協奏曲》的鋼琴主樂器，

為何在管絃樂團後的第四分鐘才出現？至美的音樂究竟要不要「標題」？也自有一群「愛樂社」的社友可以激辯不已。林懷民的「雲門舞集」當然要關心，直到攻讀博士期間，再忙也要去看郭小莊「雅音小集」，自此談京劇、崑曲也不外行。但真正影響最深遠的，還是臺大外文系顏元叔先生編的《中外文學》。這份雜誌除了不斷介紹引進西方文學理論之外，同時也鼓勵學者以西方文學理論分析研究中國古典文學。但不像今天如此「生吞活剝」，弄得艱澀難嚥。當時的論文大都長約五、六千字，作者文采斐然，才華溢於言表。因為不必顧慮「匿名審查」，故能暢所欲言，精髓畢現。我們一群較「激進」的中文系學生在不知不覺中，起碼吸收了三四百篇精采的中西文學理論，並且應該都「內化」在思維深處。這些應該就是博藍尼（Michael Polanyi）所謂的「支援意識」（subsidiary awareness）吧。博藍尼認為人的意識可分為「集中意識」（focal awareness）和「支援意識」，人的創意是由這兩種意識相互激盪而來，甚至「支援意識」的促進力更重大。而「支援意識」來自何處？博藍尼氏曰：「難以言傳。」其實就是來自日積月累的「博雅」。

現在想起來，那十幾年博覽群書，認真每個月精讀《中外文學》所形成的思維習慣，在我正式任教大學後，不但上課廣受學生歡迎，連發表論文也常覺得水到渠成，有左右逢源的喜悅感。尤其在花蓮東華任教時，可以下筆的論文題目，多到可以慷慨地隨手給指導的研究生。

但當時只知道要以「博雅」自勵自許，並未想到何謂「跨領域」、「跨界」。

三

我涉足「三國學」的領域，表面上是始自二〇〇四年成大江建俊

教授辦《六朝學》期刊，邀請我寫有關裴松之的論文，與二〇〇七年，政大「百年論學」邀約主講「《三國志注》中的地域史密碼」。隨後二〇〇八年應邀至故宮博物院、國立歷史博物館及南北各大學演講推廣，進入階段性的高峰。其實我的「三國學」，早就醞釀在一九八三年左右，中間經歷二、三十年歲月的沉澱，源泉來自北魏楊衒之《洛陽伽藍記》一書。攻讀博士期間，蒙中國時報高信疆先生盛情邀約，加入其《歷代經典寶庫》的撰寫群。當時我正也跟隨臺大林師文月治研此書。我很快就被楊衒之〈序〉中的「至武定五年，歲在丁卯，余因行役，重覽洛陽。城郭崩毀，宮室傾覆，寺觀灰燼，廟塔丘墟」所吸引。所以在楊衒之說出「麥秀黍離」的感嘆後，我深深為其「今日寥廓，鐘聲罕聞。恐後世無傳，故撰斯記」的懷抱所撼動。難道他僅為了伽藍寺院鐘聲罕聞，就用這麼大的力氣寫就此書？他是否別有沉痛的寄託？楊衒之本為北魏由盛轉衰之臣，在公元五一七年時，還曾與明帝與胡太后共登北魏最高建築「永寧寺」，一起俯臨京師。爾後北魏歷經孝莊帝、廣陵王、孝靜帝的亂世，終於出現永熙三年、公元五三四年的東西魏分裂，主要就是權臣爾朱榮、爾朱兆的亂政。楊衒之到東魏之後，又親見高氏父子複製對朝政的傾軋殺戮，北魏歷史悲劇即將重演。故其表面記昔日洛陽伽藍寺院由盛轉毀的滄桑，卻用特殊的「子注」筆法，側記朝政史實。明指爾朱氏亂北魏之罪，實則暗諷高氏父子亂東魏。其史家筆法，曲折婉約而不諱。我還特別注意到，當時《魏書》撰者魏收與溫子昇、邢邵同列「北地三才子」，楊衒之盛讚溫子昇、邢邵，卻蓄意不提及魏收，只讓其出現露臉一次，不作任何評語，此乃《春秋》筆削、不書之書的運筆境界。

其實我們那個年代，求職往往以一篇博士論文的評價取決勝負。學校教授們也不鼓勵我們在博士論文寫就前，花太多力氣在外。我的博士論文寫的是南朝文學，卻偏偏一邊沉迷江南杏花煙雨，一邊又用

力擴疆千里之外的北魏洛陽城。現在回想起來，應該是高中國文課那幾句「銜遠山，吞長江」、「北通巫峽，南極瀟湘」力量的牽引吧！

事隔二、三十年，當我開拓「三國學」新領域時，身處三分歸晉方十年的陳壽，在遠離故國鄉邦，遠赴洛陽在「名士減半」餘驚之下，如何落筆的凝重身影，頓時與楊衒之疊合在一起。而當年處理《洛陽伽藍記》的研究心法，自然在此與「三國學」無縫接軌。

所以表面上我似乎由裴松之三國志注入手，但其實項莊舞劍，意在沛公。我將裴松之所引之史書一百五十幾種分為兩大類，一類是成書於陳壽著書前可見的，並就此推測陳壽基於何種理由，刪削這些文字，如王沈《魏書》、魚豢《魏略》、韋昭《吳書》。另一類則為陳壽成書之後，對陳《志》的補充與挑戰，如虞浦《江表傳》、習鑿齒《漢晉春秋》及孫盛《晉陽秋》等。我謂之曰「三國史的解構與重建」。但其實我最關切的，還是執意追溯陳壽著書時的「原意初衷」。但與三十年前相比，我早已暗自加入海登・懷特（Hayden White）的「歷史敘述必有定見」的系列元素在內。

至於一開始就將《三國演義》說部系列納入「三國學」領域，那的確是因為一方面在中國人的思維中，本就有兩個「三國」系統糾纏不清：一套來自《三國志》史書系統，一套來自小說《三國演義》系統。一方面則是由於我長期對《紅樓夢》小說敘述的時間感到好奇。一般論者謂《紅樓夢》敘事時間以二十年為梗概。始自寶玉「銜玉出生」，止於寶玉出家。但真正精采應是自黛玉入賈府，賈林「似曾相似」的照面開始。那就應該是十三、四年左右的故事，空間也侷促在榮寧二府，甚至是「大觀園」小天地。何以近百萬言，句句精采，字字生輝。而《三國演義》敘事，若斷自公元一八四年的黃巾之亂、桃園三結義，止於公元二八〇年三分歸晉，共計九十六年；空間則要照顧長安洛陽及爾後魏都鄴城，吳國建康，蜀漢荊川。如何運筆調度時

空就極耐人尋味。尤其大學時讀〈隆中對〉並不來自《古文觀止》，而是來自《三國演義》，諸葛亮在「草廬春睡足，窗外日遲遲」伸伸懶腰後的議論：「荊州北據漢、沔，利盡南海，東連吳會，西通巴蜀。」當時就有「立足臺灣，胸懷天下」的「美感意識」。後來在《三國志・魯肅傳》中也有看到類似的謀策：「夫荊楚與國鄰接，水流順北，外帶江漢，內阻山陵，有金城之固，沃野萬里，士民殷富，若據而有之，此帝王之資也。」若論規劃深遠，足可比肩諸葛亮。觀其文采，亦不遜色。但因何世人盡歸美〈隆中對〉，而不對魯肅之言多讚一詞？關鍵在羅貫中動用了「元直走馬薦諸葛」、「司馬徽再薦名士」整整兩回先為其張鼓揚旗，到「定三分隆中決策」時，不但往後天下大勢撥雲見日，〈隆中對〉亦成千古名文佳篇。明乎此，「三國學」必當「跨界」說部《三國演義》。《紅樓夢》是精工細繪，纖毫計較；《三國演義》是潑墨大山水，長江滾滾。治「紅學」不得不兼涉「曹學」，治《三國演義》則當溯源陳志裴注。

四

　　盈翔賢棣與我研治「三國學」，時當二〇〇六年至二〇一〇年之間。我到花蓮之初，震撼迷戀於山水之美，原本立志擱下一切，寫一本《花東縱谷散記》，在《聯合》、《中時》兩大報陸續發表，頗受歡迎。二〇〇一年左右突患腰痛，不知病因。今日始察覺只是因為腰圍過寬，腹部肌肉拉傷。莫怪當年諸多名醫用遍各種儀器，均查不出所以然。因此不敢繼續開車奔馳於太平洋美麗東海岸。《花東縱谷散記》也只好停筆至瑞穗，南邊的池上、臺東終究無法繼續搜索。生命的能量可以轉彎，不可停止，那就回頭專注學術研究吧！往後幾年反而是我在「三國學」領域最為癡迷狂熱的階段。各種研究題目如泉湧

而至。遂順手給盈翔一個難題,去比較探究裴松之《三國志注》與劉孝標《世說新語注》。其實這個題目對碩士生稍嫌沉重,但盈翔樂於接受挑戰,每次提交的報告都出乎意料地深具創意。其天資稟賦我看在眼裡,更難得在其樂觀陽光性格且樂於與人為善。治學嚴謹又劍及履及,有幾次在接送我至東華上課途中,聽我暢論三國學快意,有時還在路旁停車,將車上滔滔議論即時載入電腦。

碩士論文不但順利完成,在當時中文博士班入學角逐尚還激烈的年代,也風光地攻入成大博士班。最令我記憶深刻的是在碩士期間,還發表了一篇極具創意的〈習鑿齒《襄陽記》與臥龍、鳳雛並稱的源起——兼論《三國志演義》中龐統角色的成敗〉,果然將史傳小說打成一片。當時我判斷:此一見解應算是慧眼獨具,潛力可觀。

盈翔進入成大後,甚受鳳凰城師友肯定讚許。又有幸師從經學大師張高評兄治《春秋》《左傳》學。高評兄本就學養深厚,雖以經學著名,然其不但遠眺宋代詩學,兼又時刻關切中文系學門處此紛爭之世,如何平息眾議,與理工商諸學門對話。盈翔在臺南府城張氏門下淬礪數年,攻取博士學位,見解視野果又增益不少,更上層樓。

五

「博雅」與「跨界」本就有諸多相通之處。但「博雅」較偏重內在修養,求其「入乎耳,著乎心,布乎四體,形乎動靜」。「博雅」一路走下去,必自然會走向「跨領域」、「跨界」。感性、理性相互激盪,形成向上螺旋,成為人格、性情的底蘊。「跨界」重在辯證整合激盪,隨題取義,立竿見影。但若無「博雅」修養在前,跨界易流於匠痕斑駁。反之,若有博雅的胸懷,持續精進,也會左右支援,成就更高層次的「博雅」。而最終境地,也還是通往人格修養,此也正是

《中庸》「博學」而至「篤行」之義。盈翔《三國學跨界研究》確有將兩者鎔鑄一爐的軌跡可循，二〇〇九年他正在水深火熱寫碩士論文時，還跟我提及法國名導演盧貝松監製的《搶救地球》，一副心懷宇宙天下的神情。同樣讓人記憶猶新的，則是當我告誡：「知識分子應當是永遠的在野黨。」盈翔回應：「會永遠站在雞蛋那一邊。」

觀其「三國學架構圖」，可謂言簡意賅，一目瞭解。第二章「筆削取義——《群書治要》對《三國志》的消融與建構」，幾乎將「三國學」與《春秋》經學」完美融合。引用日本學者本田濟所創「畏懼之史」的名詞，更能掌握陳壽一邊不忘故國鄉邦之義，一邊又必須體察歷史變化形勢帶給史家自身的危懼困境，三言兩語，為千古爭議定調。通過劉知幾《史通》對讀《三國志》，當然是「三國學」必經門徑。談趙雲與諸葛亮相互表裡的內在結構，若非嫻熟「五虎將」的各自功業，實難點出其中奧義。第五章「聖俗之間——《關帝歷代顯聖志傳》的歷史敘事與擬史筆法」，獨獨拈出「擬史筆法」，就探驪得珠，將關公信仰在中國文化史中「聖俗」交錯的來龍去脈交代清楚。臺灣趙雲信仰一章，更特別值得一書。東華中文系設有「民間研究所」一門，盈翔此章靈感當源自彭衍綸教授指導，葉威伸博士論文《趙雲信仰與傳說研究——以中國與臺灣為考察範圍》。

三國一學的確是一門必須匯合經、史、子、集的跨界典範。憶昔與盈翔學棣馳車花東縱谷，時常遠看左方如波浪起伏的海岸山脈，右仰群峰疊翠的中央山脈，前面則有一望無際的縱谷平原，時感身心如遨翔飛鷹，不時互嘆：「此真隆中高臥讀書處也！」是為序。

國立東華大學榮譽教授

王文進

二〇二四年七月盛暑

自序
不惑

　　記憶片段中，約莫是小學四年級，於家中無人的夏日午後，在哥哥的書櫃上，翻到一本今人改寫，帶注音的兒童版《三國演義》。席地而坐，看沒幾頁，便沉迷於孔明的奇謀妙算，難以自拔。遂潛心凝神，一氣讀完，直至窗外日影西斜。但不管孔明如何迷人，最終仍是星落五丈原、三分歸一統。當時年紀小，放下書後，在滿室昧昧中，難過的心情久久不能平復。無法理解，蜀漢怎麼可以輸，孔明怎麼可能失敗。而後寒暑經年，人生閱歷漸長，這才體悟，讀《三國》小說，最重要的是讓我們知道，人總有無能為力之時。藉由閱讀，在生命初春之際，便能學著如何面對寒冬、面對失敗，而不致失溫。將來，也一定會帶著我的孩子讀《三國》，陪著孩子一起經驗諸葛亮生命中的得失與四季。

　　及長，負笈花東，習《三國》之質直；志學府城，察《春秋》之微言。雖非英才，但幸得良師，王師文進興以魏晉風流，張師高評立之屬辭比事。浸潤其中，漸覺有味，待博士畢業已逾而立之兩歲。於後服完兵役，辦過婚禮，可工作仍沒著落，不免惶惶茫茫。第一年時，曾到錦和國中當代理教師，到了第二年，兼課的學校也逐步累積成五間。當時除卻北部的工作外，一周有兩天分別在高雄、嘉義兼課。星期一晚上十二點半由五股租屋處出發，騎車到臺北車站坐一點半的國道客運。到臺南通常是凌晨五點多，然後由當時還不是轉運站，猶能停車的兵工廠，開車到高雄內門實踐大學，迎接一天的課程。結束後再驅車北上，臺三線至玉井，再轉八十四號快速道路，經

國三到嘉義民雄南華大學，晚上便在學人宿舍雲水居掛搭一晚。第二天課程結束後，再將車開回兵工廠停放，步行到臺南車站前的統聯客運，買麵包或飯糰充飢，坐車北返。順利的話，可以在十二點前踏進家門。

而這樣的行程得以成立，必須感謝小叔贈送的豐田Corolla。但畢竟是二十年的老車，發生過兩次保險絲燒斷，打不了火的窘境，但好在都是在要北返之時，從未耽誤課堂。也因為搭客運最多只能睡五小時，加上在實踐上了一天的課後，不免疲累。故由內門前往民雄的路上，常開到昏昏欲睡。特別冬季天色暗的快，國三梅山段又沒有路燈，下交流道更是一片漆黑。每想聚精會神，卻總感力不從心、眼皮沉重，只能不斷挪動身體、咬口香糖，以保持清醒。而隔天南華都是新課，是以晚上也都在熬夜備課。好一點可以睡到四小時，也常常睡兩小時就得提槍上陣。但只要一站上講臺，總能精神抖擻到下課鐘響。

有次寒流來襲，夜行客運上，只有我與司機二人。雖已穿足外套，仍是冷到牙齒打顫，無法入眠。前往拜託司機，能否將空調關掉，司機一臉無奈的說：「我沒開。」一路瑟縮到臺中朝馬轉運站，下車到便利商店買熱湯祛寒，司機大哥也給了我一罐不知哪來的熱咖啡。彼此聊了幾句，略生暖意，上車後便得以入眠。興許是路遙遙睡沉沉，雖是每周例行公事，但一下客運，卻總有恍惚隔世的不踏實感。面對滿眼府城故景，有時竟也分不清，現下是纍纍倦容、稻粱苦謀，還是夢回舊里，又成為那滿腔熱血、意氣風發的博士生。後來計算，當時一周兼課的通勤距離是一〇六六公里，差不多是臺灣一周，時間則是二十三點五小時。換個心情，也等於是每周有一天的時間在環島旅行，可為一笑。

結婚時，高評師寫了《禮記・儒行》的一句話送我：「夙夜強學以待問。」爾後水郵山驛、星霜二載，晨興征途、夜寐舟車的日子，

時常會想起這句話，甚至反覆叨唸：「夙夜強學以待問，懷忠信以待舉，力行以待取。」也不懂，為何這段文字能在情緒低落時支撐著我，讓我不致墜落。當時給自己的時間就是三年，三年後若還無枝可依，那便停損，於學界抽身另謀他就，因為還是得為家人負責。而就在兩年半時，東吳給了毫無淵源的我，鉛刀一割的機會。深知優秀的人才多如過江之鯽，愚鈍如我難稱特出。故也思孔明魚水知遇，敢竭股肱之力，教學、研究、服務，皆是兢業惕勵，未敢懈怠。本書若能有些許成果，除了是十五年前由文進師所埋下的種子，便也是這些年在東吳的沃土中，所醞釀、結實。或許難稱豐美，卻也是點滴用心。

除了東吳大學所提供的良好環境，感謝歷年國科會專題研究計畫的補助，讓後學能更加專注而系統的進行研究。而經歷期刊審查與先後四位專書審查老師的建議與提示，讓本書得以刮垢磨光，提升學術品質。盡力修改之餘，亦是由衷佩服前輩學者精深鴻博的學養。國科會人文社會科學研究中心補助「出版人文學及社會科學專書」的鼓勵，更堅定了後學對「三國學」未來研究開展的信心。萬卷樓總能給予最專業的協助，此書的檔案最終更新到了第七版，可想過程有多麼繁瑣，於此亦是感謝。學生宜柔盡心負責，誠是不可多得的好幫手。最後最該感謝的，是我的父母，深知是原生家庭所給予的豐厚社會資本，讓中人如我，得以從吾所好。在華人的文化情境中，有些話語總是難以出口，但藉此機會，也想向你們好好道愛。

孔子晚年回顧一生，自言：「吾十有五而志於學，三十而立，四十而不惑，五十而知天命，六十而耳順，七十而從心所欲不踰矩。」一直在想，甚麼是「不惑」？真是「志強學廣不疑惑」嗎？考孔子行跡，三十五歲適齊，欲展長才而無果。三十七歲反魯，五十一歲方再出仕。換言之，雖不至「纍纍若喪家之狗」，然四十歲的當下，孔子當是不順遂的。是其仕途、其理想實踐的挫折與失敗，然孔子稱此階

段為「不惑」。由此觀之，或許所謂的「不惑」，不是因志向堅強、學識廣博而沒有疑惑。而是面對失敗，面對「吾道非邪？吾何為於此？」一次次自我懷疑的當下，仍選擇再相信自己一次，相信自己能堅守「造次必於是，顛沛必於是」的理想。

　　大江東去，不論餘生將舟行何處，唯自我期許，在滔滔人世的順逆沉浮中，即便迷惘、即便受挫，也要以「不惑」之心，縱浪前行。

甲辰年相月望日

不惑之年

林盈翔次於外雙溪畔

目次

第一章
滾滾逝水
──「三國學」的邊界與跨界

一　問題意識

　　對於「三國學跨界研究」此一命題，可先釐清兩個關鍵概念，一是何為「三國學」，二是「跨界」具體所指為何。「三國」，是中國歷史上，魏、蜀、吳三國分立的一段時期。一般會以西元二二○年曹丕篡漢為起點，結束於西元二八○年三分歸晉。但實際上陳壽《三國志》所記載的時間，最早可溯至西元一八四年，東漢靈帝光和七年，黃巾之亂起，與隨之而來的漢末群雄割據。而東漢末年的時勢、人物，與三國之所以分立息息相關，是以廣義來講，西元一八四年至二二○年這段時間，往往都會被納入三國時期加以討論。《三國志演義》小說，便也同是由漢末黃巾之亂開始述起。但「三國史」的研究，並不會直接等同於本書所論的「三國學」。業師王文進先生：

　　表面上「三國史」與「三國學」可以做如是的區隔：前者是中國史學中斷代史的一環，其目標在於探究三國時期的歷史真相，所使用的材料應該在解讀陳壽《三國志》、裴松之《三國志注》、范曄《後漢書》以及袁宏《後漢紀》諸書的互相關係；而後者卻是中國文化史的領域，其中最重要的關鍵除了前述諸史籍之外，更加上環繞著文學經典巨著《三國志通俗演義》所

承接與擴散的傳統。[1]

這樣的題法十分有啟發性，「三國史」可以是「三國學」的一環，但「三國學」所牽涉的範圍應當還要包含《三國志演義》小說才是。「三國學」若要作為一個研究範圍、專門的分科學問，當是複合史與文、《三國志》與《三國志演義》。本書也循此一思路，進一步建構「三國學」的可能邊界與內涵。

　　不管是大方向如經學、文學、思想等學門領域的研究開展與區別，又或者更細緻的分科學問如「三禮學」、「文選學」、「杜詩學」、「陽明心學」等等，每個學問皆有其研究範圍的界定、核心材料的甄別與問題意識的呈現。若「三國」要能成為「三國學」，那它的研究邊界何在？以及其邊界所劃定的材料內容是否豐富到能成為一門專門之學？問題意識的思索又呈現出怎樣的人文關懷與思考？「三國學」最為核心的文本當為陳壽的《三國志》與裴松之《三國志注》所蒐羅的大量史料。不管「三國學」如何開展，其內容必然關乎三國時期的人物、事件、思想或社會文化等等，是以都能溯源至《三國志》此一歷史傳記，此為必然的核心文本。再者則是《三國志演義》，誠如文進師的判斷，「三國」作為華人文化的重要母題，其關鍵當在《三國志演義》小說的流播與影響。其中《三國志演義》最重要的兩個版本，當是署名羅貫中的嘉靖本與署名毛綸父子共同完成的毛宗崗本。是以身為文學小說的《三國志演義》，即為「三國學」的第二層內容。最末方為以《三國志》或《三國志演義》為根源、核心，滲入各個領域、各種文化載體的三國故事或人物，譬如宗教信仰、戲曲藝術、流行文化、詩詞歌曲等等，此為第三層、也是最外圍的邊界。

1　王文進：《裴松之《三國志注》析論——三國史的解構與重建》（臺北：新文豐出版社，2017年），〈後記〉，頁363。

　　需補充說明者，若以時間先後順序而言，在《三國志》史傳到《三國志演義》小說之間，如關帝信仰、宋元話本的三國故事、三國戲等等，都已有所流傳。又如史傳《三國志》成書後，「三國學」便隱然有「雅、俗」兩條發展路線，對應的接受發揚者，分別是知識分子和俗民大眾，但兩條路線卻又時而交纏影響、互相啟發。以諸葛亮接受為例，早在《演義》小說的塑造之前，便已有「雅、俗」兩種接受路線。在文人敘事中，著重在三顧茅廬的君臣魚水相得、劉備託孤的忠臣節義與〈出師表〉的未捷悲劇英雄之上。這樣的接受角度，可以杜甫的〈蜀相〉為代表：

> 丞相祠堂何處尋，錦官城外柏森森。映階碧草自春色，隔葉黃鸝空好音。三顧頻煩天下計，兩朝開濟老臣心。出師未捷身先死，長使英雄淚滿襟。[2]

第三、第四聯便具體而微的展現了文人敘事的偏重。但民間敘事則不然，如南朝宋劉敬叔《異苑》、北魏酈道元《水經注》、南朝梁陶弘景《古今刀劍錄》[3]等，記載了諸葛亮身後的各種傳說。這些敘事著重在諸葛亮的軍事才能、奇謀妙算與神秘色彩。當然，諸葛亮形象在

2　〔清〕楊倫編輯、箋注：《杜詩鏡銓》（臺北：華正書局，2000年），卷7，頁316-317。

3　劉敬叔《異苑》：「臨邛有火井，漢室之隆，則炎赫彌熾，暨桓、靈之際，火勢漸微，諸葛亮一瞰而更盛。至景曜元年，人以燭投即滅，其年，蜀并於魏。」北魏酈道元《水經注》：「江水又東逕諸葛亮圖壘南。石磧平曠，望兼川陸，有亮所造八陳圖，東跨故壘，皆壘細石為之。自壘西去，聚石八行，行間相去二丈，因曰：『八陳既成，自今行師，庶不覆敗。』皆圖兵勢行藏之權，自後深識者所不能了。」陶弘景《古今刀劍錄》：「諸葛亮定黔中，從青石祠過，拔刀刺山，沒刃，不拔而去，行者莫測。」參〔三國〕諸葛亮著，段熙仲、聞旭初編校：《諸葛亮集》（北京：中華書局，2014年），卷5，頁228、卷4，頁212、卷4，頁207。

雅、俗之間仍有其共同指向與匯通，即卓越才幹、完美人格與名士形象，最後方鎔鑄為今日「羽扇綸巾、素輿鶴氅」的諸葛亮。而明代的《三國志演義》小說，實也可以此一「雅俗」的思考軸線，將諸多版本加以分類。

是以此「三國學」的體系架構，並非以時間順序、雅俗異材為標準，而是考量其積累至今的整體文化影響力，與學術主從邏輯性，進而做出的層次性判斷。當然，「我者」的邊陲，往往會是「他者」的核心，在此「三國學」的體系架構下，雖有其主從之別，但也無礙如「關帝信仰」、「三國戲」、「三國故事的當代媒體轉譯」等，各式學問主體性的建立與開展。而前述「三國歷史」的相關研究課題，也當以同樣的態度看待。故本書所論「三國學」的體系架構、研究邊界、材料範圍，可以下圖表示：

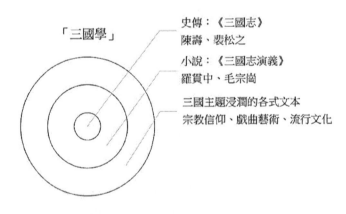

史傳：《三國志》
陳壽、裴松之

小說：《三國志演義》
羅貫中、毛宗崗

三國主題浸潤的各式文本
宗教信仰、戲曲藝術、流行文化

「三國學」

圖一　「三國學」架構圖

在今日學術分科、學院體制之下，研究範圍、學科邊界的劃定，確實有其必要性。廣泛到無邊界的知識體系，當是難以進行專業的深入研究。但在研究積累越來越深、分科越來越細的趨勢下，當代研究者即便博覽窮究，往往也僅能顧及一端，只能在自己的專業領域裡伸

展拳腳。研究文學可能就難以碰觸思想，研究清代可能就不會留心宋代。即便是同學門的研究領域，內部也是壁壘分明，研究《春秋》者可能就無心也無力深讀《尚書》。這樣的現象確實存在，也有其當代學術研究的不得已處。但在「割裂學問」[4]的同時，當也要能時時意識到，我們所面對的研究對象，應該是一個渾融的整體，學術研究的邊界是後起的，邊界必須存在，但也可以跨越，「不能因為我們擅長於某一學術類型，而做出在文獻與視野上的自我設限。」[5]而當代學術研究若要能有所突破、盡前人所未及細論處，不外乎加深與加廣二途。[6]加深譬如更為細緻的掘微或新方法的引入等，以求新的視野與發現；加廣則常見以異文本的連結或新材料的引入等，而異文本的連結即本書所論的「跨界」。如業師張高評先生，研究取徑便關注《春秋》經學在史學、文學中的呈現，並以此建構中國傳統敘事學之理論。其立論曰：

> 中國傳統敘事學，濫觴於孔子作《春秋》之記事書法。其後開枝散葉，體現為歷史之編纂學，一變為紀傳之表述，二變為敘事之藝術，三變為古文之義法。無論書法、史學、敘事、古

4　「……凡此之類事例，都說明了專業化的經學研究要不就是扭曲，要不就是割裂，對於公羊經學與詞的關係這一類問題，大抵也不感興趣或無力窮究。」參龔鵬程：《六經皆文：經學史／文學史》（臺北：臺灣學生書局，2008年），〈自序〉，頁6。

5　「古人呈現其追求心中之『道』的過程，並不會侷限在單一載體之上。那麼，我們追求古人的學問之「道」，探索他們的精神世界，當然也不能因為我們擅長於某一學術類型，而做出在文獻與視野上的自我設限。」參蔡長林：《文章自可觀風色：文人說經與清代學術》（臺北：國立臺灣大學出版中心，2018年），〈自序〉，頁1。

6　除加深、加廣外，「轉化」、「致用」二端亦可參考。參張師高評：《論文選題與研究創新》（臺北：里仁出版社，2013年），第七章〈觀點轉換與學科整合：創新的學術生長點〉，頁325-401。

文，一言以蔽之，皆薪傳比事屬辭之《春秋》教。[7]

此一跨界會通經、史、文三科的題法，於學術開拓甚有創發。高評師的諸多研究確實也是關注文學、史學文本中的《春秋》經學影響，並有著豐碩的研究成果。[8]故整體而言，不論是當代學術領域的分界抑或是傳統文史的分界，此些界線固然有助於理解與研究，但也誠如錢鍾書先生所言：「青史傳真，紅樓說夢，文心固有相印者在。」[9]「文心」終有其相印者，只要這些經典文本最終關注的仍是人情共感、人性真實乃至人之所以為人的大哉問，彼此間便有其可會通化成的可能性。

若再回頭檢視本書所持的「三國學」體系架構，不難發現，以傳統中文系的學門分類來看，此一「三國學」確實涵涉諸多學門領域，第一層的《三國志》乃史傳文學，第二層的《三國志演義》則是明清小說。而以這兩者為核心，「三國」擴散、滲透進第三層的各式文本與媒介之中，如宗教、戲曲、詩歌等等。也因之使得「三國」成為華人文化的重要母題，且對華人文化的影響，是如此的巨大而廣泛、確實而深遠。是以本書所言的「跨界」，嚴格講並非跨出「三國學」的邊界，而是此一「跨界」，正是「三國學」的一大特色。「三國學」本就具有跨界質性，不論是第一、第二層間的的文史邊界，抑或第三層「三國」主題對於各領域文本材料的滲透。毛宗崗本《三國志演義》的卷頭詞：

---

7 張高評：〈書法、史學、敘事、古文與比事屬辭：中國傳統敘事學之理論基礎〉，《屬辭比事與《春秋》詮釋學》（臺北：新文豐出版公司，2019年），頁91。

8 文學如〈杜甫詩史與《春秋》書法——以宋代詩畫筆記之詮釋為核心〉，史學如〈劉知幾《史通》及其《春秋左傳》——兼論詩化之史學觀〉等。參張高評：《春秋書法與左傳史筆》（臺北：里仁書局，2011年），頁261-374。

9 錢鍾書：《管錐編》（北京：生活·讀書·新知三聯書店，2007年），頁300。

> 滾滾長江東逝水，浪花淘盡英雄。是非成敗轉頭空，青山依舊
> 在，幾度夕陽紅。　　白髮漁樵江渚上，慣看秋月春風。一壺
> 濁酒喜相逢，古今多少事，都付笑談中。[10]

此闋〈臨江仙〉本為楊慎《歷代史略十段錦詞話》（後世流傳時常改
稱為《廿一史彈詞》）第三段〈說秦漢〉，而毛宗崗將其置於《三國志
演義》的卷頭，方使此一闋詞廣為流傳。除了這闋詞之外，一般讀者
幾乎不會知道楊慎《歷代史略十段錦詞話》的其他內容。這樣的現
象，某種程度上也具體而微的呈現出「三國」於文化上的深刻影響。
三國故事不斷的被敘述、被翻新，每個時代、不同媒介，都有各自的
「三國」，不斷與史傳《三國志》、小說《三國志演義》，這兩個核心
文本對話，或承續或改造。「三國」一如滾滾逝水般，在一代代的積
累與淘洗下，深深積澱在華人文化的血脈之中，甚而擴展為世界性的
文化經典，在不同的語言文化中，接續發揮其影響力。

　　是以本書以「三國學跨界研究」為題，深入觀察、分析，「三國
學」在類書《群書治要》、史論《史通》、小說《三國志演義》、善書
《關帝歷代顯聖志傳》、臺灣趙雲信仰等，各種不同領域的「跨界」
浸潤與呈現。而這樣的「跨界」研究，也使各章節彼此之間有較大的
跨度，但三十輻共一轂，最終都指向「三國學」的萬種風華，與其於
華人文化、乃至世界文化的深刻影響與重要性。也藉由相關課題的研
究與掘微，豐富、拓展「三國學」的內涵與深度。

---

10 〔明〕羅貫中原著，吳小林校注：《三國演義校注》（臺北：里仁書局，1994年），第
　　1回，頁1。

二　文獻回顧

　　本節文獻回顧，亦採「三國學」同心圓之體系架構，依第一層
「史傳：《三國志》」、第二層「小說：《三國志演義》」的順序，依序
爬梳。陳壽字承祚，巴西安漢人。出生於蜀漢後主建興十一年（西元
233年），卒於西晉惠帝元康七年（西元297年）。[11]其《三國志》一書，
目前一般認為成書西晉之世，約在西元二八〇年後開始撰寫，於西元
二九〇年左右完成。《晉書・陳壽傳》：

　　　　撰《魏吳蜀三國志》，凡六十五篇。時人稱其善敘事，有良史之
　　　　才。夏侯湛時著《魏書》，見壽所作，便壞己書而罷。張華深
　　　　善之，謂壽曰：「當以《晉書》相付耳。」其為時所重如此。[12]

《三國志》付梓後深獲好評，陳壽被時人讚為「善敘事，有良史之
才」。南朝梁劉勰《文心雕龍》亦稱：

　　　　唯陳壽《三志》，文質辨洽，荀張比之於遷固，非妄譽也。[13]

劉勰以其文學批評的高度，認為陳壽《三國志》「文質辨洽」，可方之
司馬遷《史記》、班固《漢書》，對其有相當高的評價。唐初史臣也是
將陳壽與左丘明、司馬遷、班固等人相提並論，評曰：

11　《晉書》本傳載陳壽「元康七年，病卒，時年六十五」，故考其生卒年如是。參
　　〔唐〕房玄齡等著：《晉書》（北京：中華書局，2003年），卷82，頁2138。
12　〔唐〕房玄齡等著：《晉書》，卷82，頁2137。
13　〔南朝梁〕劉勰著，周振甫注：《文心雕龍注釋》（臺北：里仁書局，1994年），頁
　　295。

> 丘明既沒，班馬迭興，奮鴻筆於西京，騁直詞於東觀。自斯已
> 降，分明競爽，可以繼明先典者，陳壽得之乎！江漢英靈，信
> 有之矣。[14]

史臣先是勾勒出《左傳》、《史記》、《漢書》，此一史傳書寫的一流傳
統與傳承脈絡。於後暢言能繼明先典者，正是《三國志》，可謂是對
陳壽的最高禮讚。

　　在陳壽《三國志》成書後的一百四十年左右，元嘉五年（西元428
年），宋文帝命裴松之注《三國志》，並在一年後完成。裴松之〈上《三
國志注》表〉：

> 臣奉旨尋詳，務在周悉。上搜舊聞，傍摭遺逸。按三國雖歷年
> 不遠，而事關漢、晉。首尾所涉，出入百載。注記紛錯，每多
> 牴互。其壽所不載，事宜存錄者，則罔不畢取以補其闕。或同
> 說一事而辭有乖雜，或出事本異，疑不能判，並皆抄內以備異
> 聞。若乃紕繆顯然，言不附理，則隨違矯正以懲其妄。其時事
> 當否及壽之小失，頗以愚意有所論辯。[15]

裴松之「奉旨尋詳，務在周悉」，以補闕、備異、懲妄、論辯四體為
《三國志》作注，大量援引史料，補充陳壽《三國志》。而後《三國
志》志、注並行，[16]流傳至今。

14　〔唐〕房玄齡等著：《晉書》，卷82，頁2159。

15　〔南朝宋〕裴松之：〈上《三國志注》表〉，收入〔清〕嚴可均校輯：《全上古三代
　　秦漢三國六朝文》第3冊（北京：中華書局，1958年），頁2525。

16　《隋書‧經籍志》：「三國志六十五卷敘錄一卷，晉太子中庶子陳壽撰，宋太中大夫
　　裴松之注。」可知於時便已合刊。參〔唐〕魏徵等著：《隋書》（北京：中華書局，
　　1997年），卷33，頁955。

　　東晉時期有徐眾《三國志評》、王濤《三國志序評》、何琦《論三國志》三本以《三國志》為名的評論專書，[17]但如今皆已不傳，難以窺其究竟。時至唐代，劉知幾《史通》對《三國志》有所評論，全書約莫有三十餘條。然《史通》是對唐前的所有史傳進行評論，如對司馬遷《史記》的批評就有七十二條，[18]班固《漢書》兩百餘條等。單就比例推論，相較《史》、《漢》而言，《史通》對《三國志》並沒有太大的重視。宋代對《三國志》的討論開始漸趨熱烈，主要原因則是對於「正統觀」的討論。北宋立國之際，北方仍有遼國與西夏，南宋更是偏安江南，與金朝隔江對峙，皆未若漢唐疆域相對之一統。是以宋人開始反思政權如何方是「正統」此一問題，而三國時期便成了最好的申論題材，歐陽修、蘇軾、朱熹等人，都有相關討論。《四庫全書》《三國志》提要：

> 其書以魏為正統，至習鑿齒作《漢晉春秋》，始立異議。自朱子以來，無不是鑿齒而非壽。然以理而論，壽之謬萬萬無辭。以勢而論，則鑿齒帝漢順而易，壽欲帝漢逆而難。蓋鑿齒時晉已南渡，其事有類乎蜀，為偏安者爭正統，此孚於當代之論者也。壽則身為晉武之臣，而晉武承魏之統，偽魏是偽晉矣，其能行於當代哉？此猶宋太祖篡立近於魏，而北漢、南唐跡近於蜀，故北宋諸儒皆有所避而不偽魏。高宗以後偏安江左近於蜀，而中原魏地全入於金，故南宋諸儒乃紛紛起而帝蜀。此皆

---

17 〔唐〕魏徵等著：《隋書》，卷33，頁955。

18 林時民先生〈史學批評的批評：《史通》中的《史記》論析〉一文輯有四十一條，於此則是將同篇前後文義，加以分類，整理共有七十二條。然若分項再細，則會有九十餘條。參林時民：《劉知幾史學論稿》（臺北：臺灣學生書局，2015年），頁230-235。

當論其世，未可以一格繩也。[19]

四庫館臣所論甚明，後世史家對三國正統論的討論，往往都是借他人酒杯，澆自身塊壘。將當代的政治環境與問題，投射到三國時期，欲藉由建構三國的正統，來強化自身立場。故如「宋太祖篡立近於魏，而北漢、南唐跡近於蜀」，是以北宋諸人多以曹魏為正統；可一旦「高宗以後偏安江左近於蜀，而中原魏地全入於金」，則南宋史家便紛紛以蜀漢為正統。以司馬光《資治通鑑》與朱熹《資治通鑑綱目》為例，便能見其端倪。

　　清代學風以考據為宗，以實證的精神考據史書、評論歷史。而《三國志》與裴松之《注》所保留下來的大量立場互舛、聲口各異的史料，便成了樸學家大展身手的最佳場所，「考證之家，取材不竭，轉相引據」、[20]「(劉孝標《世說新語注》)與裴松之《三國志注》、酈道元《水經注》、李善《文選注》同為考證家所引據焉」，[21]讓清代的三國研究蔚為大盛。專書如侯康《三國志補注續》、錢大昭《三國志辨疑》、梁章鉅《三國志旁證》、尚鎔《三國志辨微》、林國贊《三國志裴注述》、沈家本《三國志注索引書目》、姚振宗《三國藝文志》、

---

19 〔清〕紀昀等纂：《四庫全書總目》第2冊，卷45，史部・正史類，(臺北：藝文印書公司，1989年)，頁973。

20 《三國志》提要：「宋元嘉中，裴松之受詔為注，所注雜引諸書，亦時下己意……然網羅繁富，凡六朝舊籍今所不傳者，尚一一見其厓略。又多首尾完具，不似酈道元《水經注》、李善《文選注》皆剪裁割裂之文。故考證之家，取材不竭，轉相引據者，反多於陳壽本書焉。」參〔清〕紀昀等纂：《四庫全書總目》第2冊，卷45，頁973。

21 《世說新語》提要：「孝標所注，特為典贍，高似孫《緯略》極推之。其糾正義慶之紕繆，尤為精核。所引諸書，今已佚其十之九，惟賴是注以傳，故與裴松之《三國志注》、酈道元《水經注》、李善《文選注》同為考證家所引據焉。」參〔清〕紀昀等纂：《四庫全書總目》第4冊，卷140，子部五十・小說家類一，頁2735。

錢儀吉《三國會要》、劉咸炘《三國志知意》等等，不勝枚舉。[22]除了此些專書外，朱彝尊《曝書亭集》、何焯《義門讀書記》、李清植《武英殿本二十三史考證‧三國志考證》、王鳴盛《十七史商榷》、趙翼《廿二史劄記》、錢大昕《廿二史考異》、惲敬《大雲山房文稿》等專著，其中對於《三國志》的研究，雖僅是筆記條列，然亦是皆有可觀之處。而民國初年盧弼的《三國志集解》，目前一般認為是清代《三國志》研究的集大成者。清代《三國志》研究的豐碩開展，無疑為近當代《三國志》研究打下深厚的基礎。

當代對於《三國志》的研究十分熱絡，單篇論文至少百篇以上，可謂汗牛充棟，[23]楊小平先生《三國志研究史》也有較為統整性的整理與研究成果。[24]加上於後各章節，對與主題相關的研究成果皆會有細緻的爬梳與整理，故於此也僅就本書認為較重要的專著，進行回顧。

繆鉞先生《《三國志》與陳壽研究》，[25]是書選注《三國志》若干

---

22 楊耀坤先生統計出六十餘種清代的《三國志》研究專書，詳參楊耀坤、伍野春著：《陳壽、裴松之評傳》（南京：南京大學出版社，1998年），頁144-203。而黃文榮先生亦統計出八十九本的清代《三國志》研究書籍，參氏著：《論清代《三國志》之研究——以校勘、評論、補注為例》（臺北：花木蘭文化出版社，2007年），頁20、頁137-141。

23 參呂美泉：〈《三國志》研究編年史略（上）（中）（下）〉，分載《通化師範學院學報》第3期（1999年6月），頁77-82。《通化師範學院學報》第6期（1999年12月），頁38-43、54。《通化師範學院學報》第1期（2000年2月），頁79-83。呂美泉：〈本世紀《三國志》研究編年〉，《暨南學報（哲學社會科學）》第21卷第5期（1999年9月），頁98-105。韓毓璿，林雅婷，蕭道中，郭晏銓，卓旻怡，陳俊吉：〈近三十年來「三國志」研究概況〉，《史苑》第54期（1993年5月），頁24-37。案，呂美泉先生兩篇文章大抵整理西元232-1908年、西元1900-1993年的研究成果；韓毓璿等人則是學生的課堂作業，也整理了臺灣西元1960-1990年間的研究成果。

24 楊小平：《三國志研究史》（成都：四川大學出版社，2018年）。是書將當代《三國志》研究成果分為八類：文獻、語言文法、歷史、注釋整理、補編輯佚、深入創新的爭鳴商兌、文學、傳播影響，可參。

25 繆鉞：《《三國志》與陳壽研究》，《繆鉞全集》第4卷（石家莊：河北教育出版社，2004年）。

篇章，與數篇對於《三國志》作者、版本、書名等研究。寫作時間約
在西元一九八三至一九九一年間，算是較早也較好的成果。

　　逯耀東先生《魏晉史學的思想與社會基礎》，[26]逯耀東先生當是最
早系統性研究裴松之《注》的學者，是書詳考裴松之的注書成因與特
色等，並對裴松之的史評、《三國志注》所徵引的魏晉史料，與裴
《注》所代表的經注至史注間的變化，[27]都有深入的研究成果。

　　吳金華先生《三國志校詁》、[28]《三國志叢考》，[29]吳金華先生以
辭語、名物、制度考證入手，細緻的對《三國志》內文疑義難解處，
進行梳理與論證，成果十分可觀。相關考據有相當好的研究信度，以
之參照閱讀《三國志》，往往有所收穫。

　　李純蛟先生《三國志研究》，[30]是書乃第一本以陳壽《三國志》為
主題的近人研究專著，以較有體系、規模的方式進行完整研究，是
《三國志》研究的重要專著。主要特色在於，對趙翼批評陳壽「曲筆
回護」[31]一事，有大量的辯駁，全書對陳壽持相當正面的態度。

　　楊耀坤、伍野春先生《陳壽、裴松之評傳》，南京大學的思想家
評傳系列，雖是較為普及性質的叢書，然兩位作者清楚的梳理了相關
研究問題，包括作者生平、著作特色、研究爭議等，是書的整體成果
也十分值得參考。

26　逯耀東：《魏晉史學的思想與社會基礎》（臺北：東大圖書公司，2000年）。

27　此處論敵為陳寅恪先生「合本子注」之說，因陳氏之說影響甚鉅，故於此也一併注
　　出。參陳寅恪：〈支湣度學說考〉，《金明館叢稿初編》（臺北：里仁書局，1981
　　年），頁141-147。陳寅恪：〈讀《洛陽伽藍記》書後〉，《金明館叢稿二編》（臺北：
　　里仁書局，1981年），頁156-160。

28　吳金華：《三國志校詁》（南京：江蘇古籍出版社，1990年）。

29　吳金華：《三國志叢考》（上海：上海古籍出版社，2000年）。

30　李純蛟：《三國志研究》（成都：巴蜀書社，2002年）。

31　〔清〕趙翼著，曹光甫校點：《廿二史劄記》（南京：鳳凰出版社，2008年），頁82。

　　余志挺先生《裴松之《三國志注》研究》，[32]是書主要在逯耀東先生的研究基礎上，將問題進一步釐清。雖然結論上並未有突破，但其將裴松之《三國志注》所徵引的書目與徵引的內容條目，地毯式的整理過一輪，對於後續研究者來講，確實有其方便之功。

　　王師文進《裴松之《三國志注》析論——三國史的解構與重建》，[33]文進師此書在歷史真實與否的討論外，另闢蹊徑，以六朝南北立場衝突的角度切入，重新拆解、審視裴松之《三國志注》所引諸書背後的可能立場，並以之與陳壽《三國志》對話，以之重建三國史的真相。此一觀點有其立論根據與學術創發，並也影響本書甚深。

　　此外如田餘慶先生《秦漢魏晉史探微》論李嚴興廢與諸葛亮用人，[34]周勛初先生《文史探微》對於曹魏三祖「三世立賤」現象的深入分析，[35]張大可先生《三國史研究》對於官渡、赤壁、夷陵三大戰役的考索，[36]周一良先生《魏晉南北朝史論集》論魏晉時期王朝禪代與史書撰寫的問題，[37]馬植杰先生《三國史》以較宏觀的方式敘述三國時期的發展、制度與思潮，[38]楊翼驤先生《學忍堂文集》關注裴松之《三國志注》的相關問題與價值，[39]雷家驥先生《中古史學觀念史》考證巴蜀學派與陳壽「史學經世」的觀念與展現，[40]胡寶國先生《漢唐間史學的發展》注意到經學、文學對於《三國志》、《三國志

---

32 余志挺：《裴松之《三國志注》研究》（臺北：花木蘭文化事業公司，2008年）。

33 王文進：《裴松之《三國志注》析論——三國史的解構與重建》（臺北：新文豐出版社，2017年）。

34 田餘慶：《秦漢魏晉史探微》（北京：中華書局，2006年）。

35 周勛初：《文史探微》（上海：上海古籍出版社，1987年）。

36 張大可：《三國史研究》（北京：華文出版社，2003年）。

37 周一良：《魏晉南北朝史論集》（北京：北京大學出版社，1997年）。

38 馬植杰：《三國史》（北京：北京人民出版社，2004年）。

39 楊翼驤：《學忍堂文集》（北京：中華書局，2002年）。

40 雷家驥：《中古史學觀念史》（臺北：臺灣學生書局，1990年）。

注》的影響，[41]徐沖先生《觀書辨音：歷史書寫與魏晉菁英的政治文化》對於「獻帝三書」的獨到見解。[42]這一類三國史與三國史學的研究，各有其精到處，往往對於「三國學」的研究，有觸類旁通、提點問題之效。

　　整體而言，對於三國歷史的研究，成果已相當豐碩，而至今仍是不斷吸引研究者投入。而對陳壽《三國志》、裴松之《三國志注》兩書的研究，相較於三國史學的開展，明顯是較少的。並且相關研究也多集中在《三國志注》所保留的大量魏晉史料，與此些史料所開展出的研究課題。由此觀之，對陳壽《三國志》的研究確實還有諸多發揮空間，後續或許還能再有所深入。

　　「三國學」的第二層則是「小說：《三國志演義》」。[43]三國時代結束後，各地士人追述本國英雄人物，便已有了各式的三國傳說與故事。如東晉裴啟《語林》記諸葛亮的「名士風流」：

> 諸葛武侯與宣皇在渭濱，將戰，宣皇戎服蒞事，使人視武侯：素輿，葛巾、白毛扇，指麾三軍，皆隨其進止。宣皇聞而歎

---

41 胡寶國：《漢唐間史學的發展》（北京：商務印書館，2003年）。

42 徐沖：《觀書辨音：歷史書寫與魏晉菁英的政治文化》（北京：北京大學出版社，2020年）。

43 《三國志演義》亦慣稱《三國演義》，於此採陳翔華先生之說，認為此書乃是對陳壽史傳《三國志》的傳述、「演義」，且考諸明清載記與版本，保留「國志」之名，當較能貼合原書意旨。詳參陳翔華：〈羅貫中原著書名不作《三國演義》說〉，《三國志演義縱論》（臺北：文津出版社，2006年），頁33-44。又，「演義」者，李志宏先生：「不論演言或演事，兩者作為演義的一種表達形式，在話語本質的表現之上，其共通性都是根據經典或特定舊史見聞進行語言文字的加工和推衍，以期達到釋經解事的目的。」詳參李志宏：〈「演義」辯題〉，《「演義」──明代四大奇書敘事研究》（臺北：大安出版社，2011年），頁43-55。

曰：「可謂名士。」[44]

東晉干寶《搜神記》載孫策之死乃于吉索命：

> 孫策欲渡江襲許，與于吉俱行。時大旱，所在熇厲。策催諸將
> 士，使速引船，或身自早出督切。見將吏多在吉許，策因此激
> 怒，言：「我為不如吉耶？而先趨附之。」便使收吉至，呵問
> 之曰：「天旱不雨，道路艱澀，不時得過。故自早出，而卿不
> 同憂感，安坐船中，作鬼物態，敗吾部伍。今當相除。」令人
> 縛置地上暴之，使請雨，若能感天，日中雨者，當原赦。不
> 爾，行誅。俄而雲氣上蒸，膚寸而合，比至日中，大雨總至，
> 溪澗盈溢。將士喜悅，以為吉必見原，並往慶慰，策遂殺之。
> 將士哀惜，藏其尸。天夜，忽更興雲覆之，明旦往視，不知所
> 在。策既殺吉，每獨坐，彷佛見吉在左右，意深惡之，頗有失
> 常。後治瘡方差，而引鏡自照，見吉在鏡中，顧而弗見，如是
> 再三。撲鏡大叫，瘡皆崩裂，須臾而死。[45]

不論是記人或志怪，[46]這一類型的記載，往往依違於文史之際，但若
以當代學術眼光看待，大約皆已是小說家言。到了唐代，李商隱〈驕

44　〔唐〕歐陽詢著，汪紹楹校：《藝文類聚》（上海：上海古籍出版社，1999年），卷
　　67，頁1187。

45　〔東晉〕干寶：《搜神記》，收入〔清〕紀昀等纂：《文淵閣四庫全書》，卷1，頁8。
　　本書所引乃迪志文化出版公司出版之《文淵閣四庫全書電子版（內聯網版）》，該系
　　統使用臺灣商務印書館1986年出版之《景印文淵閣四庫全書》為底本，下文再次徵
　　引一皆從省。

46　《搜神記》除于吉索命外，尚有左慈戲曹、介琰與孫權、徐光與孫綝等故事。而于
　　吉索命、左慈戲曹後也為《三國志演義》所收入，故亦較為知名。

兒詩〉有「或謔張飛胡，或笑鄧艾吃」[47]之語，魯迅《中國小說史略》便據此推論，唐代雜戲「說話」中，「已有說三國故事者，然未詳」。[48]三國故事出現最為確切的史料，當為北宋蘇軾的《東坡志林·懷古·塗巷小兒聽說三國語》：

> 王彭嘗云：「塗巷中小兒薄劣，其家所厭苦，輒與錢，令聚坐聽說古話。至說三國事，聞劉玄德敗，顰蹙有出涕者；聞曹操敗，即喜唱快。以是知君子小人之澤，百世不斬。」[49]

成書於南宋的孟元老《東京夢華錄》，亦有三國故事話本的記載：

> 崇、觀以來，在京瓦肆伎藝，張廷叟、孟子書主張……霍四究，說《三分》。尹常賣，《五代史》。文八娘，叫果子。其餘不可勝數。不以風雨寒暑，諸棚看人，日日如是。[50]

「聚坐聽說古話，至說三國事」、「霍四究，說《三分》」，由此些史料，大抵能夠推論三國故事在宋代話本中已然確立，並且頗受歡迎。而金元至明初的三國戲，依存目觀察約有六十種左右，現仍有約二十

---

47 〔唐〕李商隱著，〔清〕馮皓箋注：《玉谿生詩集箋注》（臺北：里仁書局，1981年），卷2，頁414。

48 魯迅：《魯迅小說史論文集：中國小說史略及其他》（臺北：里仁書局，1992年），頁94-95。可補充者，唐代釋大覺《四分律行事鈔批》，雖內容略嫌粗糙，但也已有「死諸葛亮怖生仲達」故事，可作為三國故事於唐代流傳之旁證。

49 〔北宋〕蘇軾著，王松齡點校：《東坡志林》（北京：中華書局，1981年），卷1，頁7。

50 〔北宋〕孟元老著，鄧之誠注：《東京夢華錄注》（香港：商務印書館，1961年），卷5，頁137-138。

種全本傳世。[51]

　元英宗至治年間（西元1321年至西元1323年）的《三國志平話》，是書以漢朝開國功臣，韓信、彭越、英布三人，輪迴轉世為曹操、劉備、孫權，來報漢高祖冤殺之仇，卷首辭：

　　江東吳土蜀地川，曹操英勇占中原。不是三人分天下，來報高祖斬首冤。[52]

圖二　元至治年間建安虞氏刊本《新全相三國志平話》

以輪迴果報來做為三國勝敗的主旋律，強調了命運的決定性，也因此降低了人為的主動性。加之內文結構簡單、行文淺白，整體藝術成就

---

51 《三國戲曲集成》收三國戲五百八十七種，其中完整劇本四百七十一種，殘曲、存目一百一十六種。參胡世厚主編：《三國戲曲集成》（上海：復旦大學出版社，2018年）。

52 〔元〕不著撰人：《新全相三國志平話》（建安虞氏刊本，現藏日本內閣文庫），卷上，頁1。

仍顯粗糙。但《三國志平話》是現存最早、最完整的三國故事，在學術史上的重要性自是不言可喻，學界一般也認為，此書對元末明初《三國》小說的出現多少有所影響。而三國小說的正式完成，目前學界往往繫在刊刻於明嘉靖元年（西元1522年）的嘉靖本（又稱嘉靖壬午本）《三國志通俗演義》之上。此書署名「羅本貫中編次」，成於明代初期的賈仲明《錄鬼簿續編》：

> 羅貫中，太原人，號湖海散人。與人寡合。樂府、隱語，極為清新。與余為忘年交，遭時多故，天各一方。至正甲辰復會，別來又六十年，竟不知其所終。[53]

明代中晚期的胡應麟《少室山房筆叢》：

> 今世傳街談巷語有所謂演義者，蓋尤在傳奇雜劇下。然元人武林施某所編《水滸傳》，特為盛行……其門人羅某亦效之為《三國志》，絕淺陋可嗤也……郎謂此書及《三國》並羅貫中撰，大謬。二書淺深工拙，若霄壤之懸，詎有出一手理？世傳施號耐庵，名字竟不可考。[54]

魯迅《中國小說史略》：

> 貫中，名本，錢唐人（明郎瑛《七修類稿》二十二，田汝成

---

53 參王德毅、李榮村、潘柏澄等編：《元人傳記資料索引》（臺北：新文豐出版社，1979年至1982年），頁2086。

54 〔明〕胡應麟《少室山房筆叢》，卷25，頁28、31。收入〔清〕紀昀等纂：《文淵閣四庫全書》。

《西湖遊覽志餘》四十五，胡應麟《少室山房筆叢》四十一），或云名貫，字貫中（明王圻《續文獻通考》一百七十七），或云越人，生洪武初（周亮工《書影》），蓋元明間人（約一三三〇──一四〇〇）。所著小說甚夥，明時云有數十種（《志餘》），今存者《三國志演義》之外，尚有《隋唐志傳》、《殘唐五代史演義》、《三遂平妖傳》、《水滸傳》等；亦能詞曲，有雜劇《龍虎風雲會》（目見《元人雜劇選》）。然今所傳諸小說，皆屢經後人增損，真面殆無從復見矣。[55]

《錄鬼簿續編》此筆資料，魯迅《中國小說史略》尚未徵引，乃由鄭振鐸先生稽索而得，並在西元一九三一年時發表相關成果。胡應麟對《三國志演義》小說多有批評，但也認為羅貫中著有《三國志演義》小說。羅貫中是否為《三國志演義》小說作者，學界多有討論，本書綜觀各家說法，目前採贊成立場，認為繫於羅貫中名下並無不妥。

也因《三國志演義》小說出現後大受歡迎，書商大量刻印，明清之際現存版本便達三十餘種，也使《三國志演義》小說版本的研究成為重要的學術研究課題。近代學術界對於《三國志演義》不同版版本間的比較研究，最早當始於鄭振鐸先生於西元一九二九年發表的〈《三國志演義》的演化〉[56]一文。其中認為嘉靖本為《演義》之祖本，而其所掌握的近十種明刻本都是由嘉靖本而來，直至清代毛宗崗本才有較大改變。此一說法曾籠罩一時，也帶出大量比較嘉靖本與毛宗崗本的研究論文。直至小川環樹先生於西元一九六五年發表〈關索

---

55 魯迅：《魯迅小說史論文集：中國小說史略及其他》，頁113。
56 鄭振鐸：〈《三國志演義》的演化〉，《中國文學論集》，收入於張高評主編、丁原基副主編：《民國時期文學研究叢書·第一編》第57冊（臺中：文听閣圖書公司，2011年），頁252-349。

の傳說そのほか〉（〈關索的傳說及其他〉），[57]以關索故事為線索，指出嘉靖本並無此一人物，但周曰校本、鄭少垣本、楊閩齋本，卻都有關羽三子、關索的出現，便也據此推論，當有別於嘉靖本的「異本」。而後對於《三國志演義》不同版本間的研究，可謂大觀，柳存仁、[58]周兆新、[59]金文京、[60]上田望[61]等諸位先生，都有參與討論，而使《三國志演義》的版本關係研究，越為深入。相關研究史的整理敘述，亦可參中川諭先生的整理。[62]

　　而在西元一九八九年，中川諭先生在〈《三國志演義》版本研究〉[63]一文，將嘉靖本、周曰校本、李卓吾本與毛宗崗本的同一段（毛宗崗本82回）作了比較：

　　　　卻說張昭入見孫權曰：「諸葛子瑜知蜀兵勢大，故推作使而去，必降玄德矣。」權曰：「不然。孤與子瑜，有生死不易之

---

57 〔日〕小川環樹：〈「三國演義」の發展のあと〉，《中国小說史の研究》（東京：岩波書店，1968年），頁3-33。小川環樹先生在1965年發表〈關索の傳說そのほか〉（〈關索的傳說及其他〉），原載巖波書店日譯本《三國志演義》第8冊，後修訂為〈「三國演義」の發展のあと〉，收入於1968年出版的《中国小說史の研究》。

58 柳存仁：〈羅貫中講史小說之真偽性質〉，《中國文化研究所學報》第8卷第1期（1976年12月），頁169-234。

59 周兆新：〈舊本《三國演義》考〉，《《三國演義》考評》（北京：北京大學出版社，1990年），頁199-306。

60 〔日〕金文京：〈《三國志演義》版本試探──以建安諸本為中心〉，收入於周兆新主編：《三國演義叢考》（北京：北京大學出版社，1995年），頁26-54。

61 〔日〕上田望：〈《三國志演義》版本試論──關於通俗小說版本演變的考察〉，收入於周兆新主編：《三國演義叢考》，頁55-102。

62 〔日〕中川諭著，林妙燕譯：〈《三國志演義》的版本研究史〉，《《三國志演義》版本研究》，頁2-12。

63 〔日〕中川諭：〈《三國志演義》版本研究〉，收入於周兆新主編：《三國演義叢考》，頁103-127。

盟。子瑜不負於孤，孤不負於子瑜也。（嘉靖本）[64]

卻說張昭入見孫權曰：「諸葛子瑜知蜀兵勢大，有生死不易之盟。子瑜不負於孤，孤不負於子瑜也。（周曰校本）[65]

卻說張昭見孫權曰：「諸葛子瑜知蜀兵勢大，故假以講和為辭，欲背吳入蜀。此去必不回矣。」權曰：「孤與子瑜，有生死不易之盟。子瑜不負於孤，孤不負於子瑜也。（李卓吾本）[66]

卻說張昭見孫權曰：「諸葛子瑜知蜀兵勢大，故假以請使為辭，欲背吳入蜀。此去必不回矣。」權曰：「孤與子瑜，有生死不易之盟。孤不負子瑜，子瑜亦不負孤。（毛宗崗本）[67]

可發現周曰校本漏掉了嘉靖本「故推作使而去，必降玄德矣。權曰：不然。孤與子瑜」一整段話，而李卓吾本在少掉了這段文字，致使文義扞格難通的情況下，補上了「故假以講和為辭，欲背吳入蜀。此去必不回矣。權曰：孤與子瑜」這一段，好讓句意通順。而毛本則繼承了李卓吾本的文字，再加以小部分的潤飾。這是《三國志演義》版本流傳上一個相當有力的證據，而此種「串句脫文」[68]的考證方式，英國學者魏安大量運用，在一九九三年左右完成其博士論文《三國演義

---

64 《明弘治版三國志通俗演義》（臺北：新文豐出版公司，1979年），頁679。此書抽掉嘉靖元年（西元1522年）張尚德（修髯子）的〈三國志演義引〉，僅保留弘治七年（西元1494年）蔣大器（庸愚子）的〈三國志通俗演義序〉，雖名為「明弘治版」，但與嘉靖本《三國志通俗演義》（上海：上海古籍出版社，1994年）相對照後，內頁全然相同，實為嘉靖本無疑。

65 〔明〕羅貫中：《新刻校正古本大字音釋三國志通俗演義》（臺北：天一出版社，1985年），卷9，頁10。

66 〔明〕羅貫中：《李卓吾先生批評三國志》（臺北：天一出版社，1985年），第82回，頁2。

67 〔清〕毛宗崗評訂：《三國演義》（濟南：齊魯書社，1991年），第82回，頁1007。

68 〔英〕魏安：《三國演義版本考》，頁130。

版本考》。是書中分析現存的《三國志演義》文本，將《三國志演義》的版本劃分成了 AB 與 CD 兩大系統，其成果相當豐碩可觀。而中川諭先生也約略在同年完成其博士論文《《三國志演義》版本研究》，其中再參酌花關索故事的考察，將《三國志演義》的版本分成兩個系統。

依目前的研究結果言之，將明代《三國志演義》版本流傳分成兩個系統是可以確定的，這樣的分類方式大抵也為現今的學界所接受。[69] 上田望先生亦就《三國志演義》的刊刻地點、版本淵源、內容比較等，以萬曆年間的諸刻本為核心，將《三國志演義》版本分為「三國志通俗演義」和「三國志傳」兩大系統。[70] 彼此對照之下，雖在細微處互有差異，但魏安先生的 AB 系統、中川諭先生的弘治抄本《三國志通俗演義》系統、上田望先生的演義系統，三者約略是相同的。而 CD 系統、（花）關索系統、志傳系統則為另一系統。整理幾位學者的說法後，可以將《三國志演義》版本的兩個系統名之為「演義系統」與「志傳系統」。前者以嘉靖本、毛宗崗本為代表，有較多文字修飾，比較在文人階層流通；後者以明代諸閩本為代表，版本歧異較大、有關索故事於其中，是民間書肆的主力商品，傳播其實較廣、版本也較多。而「演義系統」與「志傳系統」何者較接近羅貫中的原本，因為沒有決定性的證據，致使眾說紛紜，目前也僅能闕而不論。

這兩個系統主要是針對明代的《三國志演義》刊本所劃分，但從版本內容上可以將「演義系統」下推至明末的李卓吾本與清初康熙年間署名毛綸、毛宗崗父子的評點本。毛綸點評《琵琶記》做《第七才

---

69 如關四平《三國演義源流研究》（哈爾濱：黑龍江教育出版社，2001年）一書，也採用此種二分的版本系統。

70 〔日〕上田望：〈《三國志演義》版本試論——關於通俗小說版本演變的考察〉，收入於周兆新主編：《三國演義叢考》，頁97。

子書》，其〈總論〉言及點評《三國》之事：

> 昔羅貫中先生作《通俗三國志》共一百二十卷，其紀事之妙，
> 不讓史遷。卻被村學究改壞，予甚惜之。前歲得讀其原本，因
> 為校正，複不揣愚陋，為之條分節解。而每卷之前，又各綴以
> 總評數段。且許兒輩亦得參附末論，共贊其成。書既成，有白
> 門快友見而稱善，將取以付梓。不意忽遭背師之徒欲竊冒此書
> 為己有，遂致刻書中輟，殊為可恨。今特先以《琵琶》呈教，
> 其《三國》一書，容當嗣出。[71]

析而言之，清康熙三年（西元1664年）毛綸曾評《通俗三國志》，毛
宗崗亦有參與，但付梓之際卻為「背師之徒」所欲竊冒。而後隔年，
康熙四年（西元1665年）毛綸即雙目失明，後皆口授使毛宗崗代筆，
加之康熙十八年（西元1679年）毛批本的初刻本署名為「茂苑毛宗崗
序始氏評」。[72]故依整體脈絡言，雖言《三國志演義》乃毛氏父子共同
評點、修改，但於此仍將是書的著作，權且繫在毛宗崗之下。毛宗崗
本《三國志演義》一出，也因其修訂最善、流傳最廣，遂取代了明代
以降版本紛亂的情況，之後清代《三國志演義》也未有更具影響力的
版本出現，終是成為了傳世定本。[73]魯迅《中國小說史略》：

> 弘治以後，刻本甚多，即以明代而論，今尚未能詳其凡幾種

---

71 侯百朋編：《琵琶記資料彙編》（北京：書目文獻出版社，1989年），頁286-287。

72 陳翔華：《三國志演義縱論》，〈毛宗崗的生平與《三國志演義》毛評本的金聖嘆序
問題〉，頁181-183。

73 「（清人、毛氏父子）對歷史小說最重要的貢獻，首先是通過修訂、新編、評點等
加工手段，最終形成了《三國演義》……的傳世定本。」參歐陽健：《中國歷史小
說史》（臺北：萬卷樓圖書公司，2017年），頁295。

（詳見《小說月報》二十卷十號鄭振鐸《三國志演義的演化》）。迨清康熙時，茂苑毛宗崗字序始，師金人瑞改《水滸傳》及《西廂記》成法，即舊本遍加改竄，自云得古本，評刻之，亦稱「聖嘆外書」，而一切舊本乃不復行。[74]

「一切舊本乃不復行」，此一判斷當是正確的。直至今日所見的《三國志演義》，實則大多皆是毛宗崗本。也因此在本書「三國學」的體系架構下，《三國志演義》小說，最重要者當為羅貫中嘉靖本與毛宗崗評點本。然胡適〈《三國志演義》序〉：

《三國演義》不是一個人做的，乃是自宋至清初五百多年的演義家的共同作品。[75]

誠如胡適先生的判斷，《三國志演義》小說由三國史傳、魏晉筆記、唐代說話、宋元話本、金元雜劇、《三國志平話》、嘉靖本《三國志通俗演義》，再經過明清章回小說的相互競奇，最終完成為毛宗崗《三國志演義》。這樣的積累、演變過程，與其視作某個獨立人格的著作，「演義家的共同作品」當是更加貼切的。是以本書雖然將羅貫中與毛宗崗視為《三國志演義》小說最重要的代表作者，但也並未忽略《三國志演義》小說背後的集體文化性質。

　　《三國志演義》雖為小說，然其由《三國志》演義而成的講史特徵，也使其文史間的關係備受關注。明代高儒《百川書志》：

---

74 魯迅：《魯迅小說史論文集：中國小說史略及其他》，頁116。
75 胡適：〈《三國演義》序〉，收入胡適著，季羨林主編：《胡適全集》（合肥：安徽教育出版社，2003年），頁774。

> 《三國志通俗演義》二百四卷，晉平陽侯陳壽史傳，明羅本貫
> 中編次。據正史，采小說，證文辭，通好尚，非俗非虛，易觀
> 易入，非史氏蒼古之文，去瞽傳詼諧之氣，陳敘百年，該括萬
> 事。[76]

此段文字是描述《三國志演義》小說的重要文獻，高儒讚賞、評論的
切入點，即為「據正史，采小說」、「非史氏蒼古之文，去瞽傳詼諧之
氣」，認為《三國志演義》小說揉合文史的邊界，而取兩方之長。清
代章學誠《丙辰劄記》：

> 凡演義之書，如《列國志》、《東西漢》、《說唐》及《南北
> 宋》，多記實事；《西遊記》、《金瓶梅》之類，全憑虛構，皆無
> 傷也。惟《三國演義》則七分實事，三分虛構，以致觀者往往
> 為所惑亂⋯⋯但須實則概從其實，虛則明著寓言，不可虛實錯
> 雜，如《三國》之淆人耳。[77]

章學誠則呈相反立場，認為「實則概從其實，虛則明著寓言，不可虛
實錯雜，如《三國》之淆人耳」。章學誠此一「七分實事，三分虛構」
的判斷，成為《三國志演義》小說的重要標識，而這虛實之際，也正
是文史之間邊界的猶疑與跨越了，此也正是前文所論，「三國學」所
具有的「跨界」特性。於後第四章處理《三國志演義》小說之時，便
也是以此為切入點，藉由文史之間的參照，探求新的詮釋可能。

　　《三國志演義》小說的研究，在當代誠為一門顯學，名家輩出，

76　〔明〕高儒：《百川書志》（上海：上海古籍出版社，2005年），卷6，頁82。
77　〔清〕章學誠：《章氏遺書外編・丙辰劄記》（北京：文物出版社，1985年），卷
　　22，頁396-397。

研究者與研究成果，皆多於對《三國志》史傳的研究。於此也僅能以簡馭繁，擇其重要專著加以爬梳。第一種類型是對《三國志演義》小說的作者、版本、流傳、價值等進行整體性研究，重要學者專著有周兆新先生《《三國演義》考評》、沈伯俊先生《《三國演義》新探》、[78]《羅貫中與三國演義》、[79]陳翔華先生《三國志演義縱論》、金文京先生《《三國演義》的世界》、[80]何曉葦先生《毛本《三國演義》研究》、[81]董每戡先生《《三國演義》試論》[82]等等。這些專書雖也有部分篇章會涉及小說內容的討論，但整體而言還是歸類在此一類型之中。也一如前文所梳理，《三國志演義》版本的研究十分重要，除前文徵引過的日本學者中川諭先生《《三國志演義》版本研究》、英國學者魏安先生《三國演義版本考》兩書之外，關四平先生《三國演義源流研究》、[83]劉世德先生《《三國志演義》作者與版本考論》、[84]劉海燕先生《明清《三國志演義》的文本演變與評點研究》[85]等，也都有相當好的研究成果。

　　第二類則是相較起來，更多的精神關注在《三國志演義》小說的內容，如人物分析、藝術手法、價值傳達等等。如穆夢庵先生《三國人物論集》、[86]沈伯俊先生《沈伯俊說三國》、[87]周思源先生《周思源

78　沈伯俊：《《三國演義》新探》（成都：四川人民出版社，2002年）。

79　沈伯俊：《羅貫中與三國演義》（臺北：遠流出版社，2007年）。

80　〔韓〕金文京著，邱嶺、吳芳玲譯：《《三國演義》的世界》（北京：商務印書館，2010年）。

81　何曉葦：《毛本《三國演義》研究》（成都：巴蜀書社，2013年）。

82　董每戡：《《三國演義》試論》（北京：北京出版社，2020年）。

83　關四平：《三國演義源流研究》（哈爾濱：黑龍江教育出版社，2001年）。

84　劉世德：《《三國志演義》作者與版本考論》（北京：中華書局，2010年）。

85　劉海燕：《明清《三國志演義》的文本演變與評點研究》（福州：福建人民出版社，2010年）。

86　穆夢庵：《三國人物論集》（臺北：臺灣商務印書館，2005年）。

品賞三國人物》、[88]劉世德先生《劉世德話三國》、[89]郭英德先生《讀三國、說英雄》、[90]王前程先生《《三國演義》與傳統文化》、[91]王麗娟先生《三國故事演變中的文人敘事與民間敘事》、[92]周建渝先生《多重視野中的《三國志通俗演義》》、[93]金性堯先生《三國談心錄》、[94]楊自平先生《羅貫中與《三國演義》》[95]等等。也正因「三國」故事是如此的迷人，且對華人文化的影響既深且廣，也方會有這麼多專家學者投入研究，對三國英雄人物、小說藝術精神等研究課題，有著深入的發揮與點評。

　　整體而言，第一類《三國志演義》小說的作者、版本、流傳、價值等的研究成果，呈現出一定程度的趨同性。細微處學者皆有各自的慧眼與創發，但整體結論大抵可以互通。在現有的研究材料與文本範圍下，由魯迅先生、鄭振鐸先生的研究起始至今，版本流變、作者身分等，已大致塵埃落定，若沒有新材料的出現，公案的問題仍會是公案。第二類《三國志演義》小說的人物分析、藝術手法、價值傳達等偏向內容的研究成果，若以較武斷的方式論述，則約莫可以虛實與正統兩者加以觀察。即便是《三國志演義》小說研究，但在方法上仍多少會參照《三國志》史傳，「三國學」此一虛實之間、文史之際的「跨界」特質，仍是十分顯著。而對正統論的討論，也由史傳領域進

---

87 沈伯俊：《沈伯俊說三國》（北京：中華書局，2006年）。

88 周思源：《周思源品賞三國人物》（北京：中華書局，2007年）。

89 劉世德：《劉世德話三國》（北京：中華書局，2007年）。

90 郭英德：《讀三國、說英雄》（北京：北京師範大學出版社，2007年）。

91 王前程：《《三國演義》與傳統文化》（武漢：華中師範大學出版社，2007年）。

92 王麗娟：《三國故事演變中的文人敘事與民間敘事》（濟南，齊魯書社，2007年）。

93 周建渝：《多重視野中的《三國志通俗演義》》（北京：中國社會科學出版社，2009年）。

94 金性堯：《三國談心錄》（上海：中西書局，2011年）。

95 楊自平：《羅貫中與《三國演義》》（臺北：五南圖書出版公司，2020年）。

入小說之中，在擁劉抑曹、正邪人物翻案等主題的背後，實則曹魏與蜀漢兩者間，何者為正統、為正面表述、為主要的敘事視角、為詮釋面向，都仍會連帶影響行文的敘事角度與對人物的主觀判斷。而此一類型的研究，近期也都還能看到許多有趣的研究成果產出，[96]當還是有許多開展空間存在。

最末，「三國學」的最外圍、第三層「三國主題浸潤的各式文本」，此層牽涉領域、文本甚廣，多元複雜而難以窮盡。且這一系列的研究成果，必然具備「跨界」的質性。如宗教信仰、[97]戲曲藝術、[98]詩詞歌曲、[99]三國小說衍伸的再創作[100]等等，若欲進行研究回顧，勢必挂一漏萬，於此實難細緻爬梳。然本書於後各篇章分別論述之時，就各別關心之主題、跨界的文本或領域，再做文獻回顧與細部爬梳。將現有的學術成果，與「三國學」體系架構的第三層「三國主題浸潤的各式文本」，進行繫連。

---

96 如林郁迢：〈論嘉靖本《三國志通俗演義》對讀者頓失劉、關、張之「療癒」寫作策略〉，《思與言：人文與社會科學期刊》第58卷第3期（2020年9月），頁125-165。曾世豪：〈操之忠，漢之賊也：論《三國演義》曹魏人物之「忠義」評價〉，《淡江中文學報》第44期（2021年6月），頁101-134。謝予騰：〈論三國故事對街亭之戰情節之改編及馬謖人物形象轉變之意義〉，《中正漢學研究》第39期（2022年6月），頁29-50。

97 如洪淑苓：《關公民間造型之研究：以關公傳說為重心的考察》（臺北：國立臺灣大學出版中心，1995年）。

98 如張谷良：《諸葛亮戲曲造型之研究》（臺北：國立臺灣大學中國文學系碩士論文，1999年）。張谷良：《諸葛亮民間造型之研究》（花蓮：國立東華大學中國語文學系博士論文，2005年）。

99 如王潤農：《唐代詩歌中的三國圖像》（臺北：東吳大學中國文學系碩士論文，2002年）。

100 如張日郡：《晚清以降《三國志演義》故事新編研究》（臺北：國立臺灣大學中國文學系博士論文，2015年）。

三　章節安排

本書以「三國學跨界研究」為題，但也如前述，在此一「三國學」的體系架構下，由三國已降直至現當代；由「史傳：《三國志》」、「小說：《三國志演義》」到「三國主題浸潤的各式文本」。其研究邊界、材料範圍，實在浩瀚，此亦彰顯了「三國」於華人文化影響之深遠、廣泛，並也是「三國學」的真實樣貌。在時間與學養的限制下，也只能循序漸進，積累、拓展知識的邊界。

全書共計七章，以文本類型為主軸，[101]並依時代先後排序，各章分別討論類書《群書治要》、史論《史通》、小說《三國志演義》、善書《關帝歷代顯聖志傳》、臺灣趙雲信仰等，五種不同領域的「三國學跨界」浸潤與現象，並提出自身的分析與看法。各章問題意識、思路安排，以下分別簡述之。

第一章〈滾滾逝水──「三國學」的邊界與跨界〉。本章為緒論，釐清問題意識，劃定「三國學」之學術範圍，建構以第一層「史傳：《三國志》」、第二層「小說：《三國志演義》」、第三層「三國主題浸潤的各式文本」為同心圓之「三國學」體系架構。再者，論述邊界對於學術之必要性，以及跨越邊界的可能性。並也就「三國學」的體系架構提出說明，本書所認為的「三國學」，乃綰合第一、第二層《三國志》與《三國志演義》的文史材料與內涵，進而擴散、浸潤至第三層的各式文本，而使「三國」文化母題，深深積澱於華人的文化血脈之中。是以本書標題之「跨界」，並非跨越本書所擬定、界義的「三國學」的邊界，而是「三國學」本就具有跨界質性，不論是第

---

101 因以文本類型為主軸，故較難兼顧時代上的全面性（未論及宋、元）。而亦考量研究成果的代表性，故第四章小說與第六章民間信仰皆以趙雲為主要論題。此間的兩難處，也尚祈見諒。

一、第二層間的的文史邊界，抑或第三層「三國」主題對於各領域文本材料的滲透。並回顧當前與「三國學」相關之重要文獻與研究成果，且鋪陳、說明本書之章節安排與思路。

第二章〈筆削取義──《群書治要》對《三國志》的消融與建構〉。《群書治要》是唐初史臣欲提煉經典以為治世之鑰，加以去蕪存菁、刪汰選錄而成。《舊唐書・魏徵傳》載唐太宗「以古為鏡，可以知興替」之言，《群書治要》亦是取其「致治稽古，臨事不惑」之功，而《三國志》名列四史，其重要性不言可喻，有高度可論性。是則本章以「《三國志》『畏懼之史』的消融」、「《群書治要》『本求治要』的勸戒」兩端，考述《群書治要》於編纂時，對《三國志》的筆削棄採，與所呈現的史家心識。

第三章〈懲惡勸善──《三國志》的微婉顯晦與《史通》的善惡必書〉。劉知幾《史通》是中國第一本史學批評專書，且也是唐代對《三國志》批評的重要文獻。本章詳考《史通》對於《三國志》的評價，以「正統與史識：《史通》對《三國志》批評的再商榷」、「直書與晦筆：《春秋》書法的兩種面向」兩節次第論之。分析劉知幾《史通》對陳壽《三國志》屬言批評，此一現象背後的深層原因。

第四章〈抑揚顯志──《三國志演義》趙雲的人物塑造與諸葛亮之關係〉。趙雲是當下最受歡迎的三國人物之一，而目前學界對於趙雲人物形象的研究，共識大抵確切，認為趙雲為一「完美」形象，似乎難有新論。然本章詳考《三國志》與《三國志演義》二書，出入文史、虛實的邊界，以「趙雲是諸葛亮的命令執行者、沙場代理人」、「《三國志演義》人物塑造的抑揚結構：趙雲形象的強化」兩節，試圖論證趙雲小說中的「完美」形象，實在人物塑造的抑揚顯志間，與諸葛亮息息相關，受其影響。

第五章〈聖俗之間──《關帝歷代顯聖志傳》的歷史敘事與擬史

筆法〉。《關帝歷代顯聖志傳》刊刻於明末，主要記載關羽死後成神，護佑百姓、顯靈顯聖的各種故事。目前學界尚未有深入研究，本章以「關帝歷代顯聖的『擬史』建構」、「關帝信仰與王朝守護神」兩節加以析論，論證是書的敘事策略與關帝信仰於其中的建構與特色。

第六章〈文化記憶——臺灣趙雲信仰的經、史、文底蘊〉。「三國」文化母題影響深遠，於民間宗教，關帝信仰更是興盛，有華人處，幾乎就有關帝祠廟。而同為三國人物的趙雲，雖不若關羽，但在信仰上也有所開展。目前臺灣共有三十七間主祀趙雲的廟宇，本章以「文化記憶的凝聚：趙雲成神的關鍵」、「儒經典常與道德秩序：趙雲信仰的底蘊」兩節切入，研究臺灣趙雲信仰的文化接受與內在價值。

第七章〈依依東望——「三國學」的凝望與展望〉。本章為結論，總結本書研究成果，申述「三國學」之重要性與本書之思考脈絡、觀察視角、問題凝望與研究貢獻，並進一步反思不足處，以及可再盈科後進，持續深入的「三國學」研究之展望。

第二章
筆削取義
——《群書治要》對《三國志》的消融與建構*

一　前言

　　在魏晉南北朝近三百年的權力快速更迭、南北分立後，繼之統一於有唐一朝，而唐太宗李世民於武德九年（西元626年）登大寶，次年改元，隨即迎來局勢相對穩定，歷史上赫赫有名的太平盛世——貞觀之治。[1]而在盛唐之世，政治上的統一也帶來了學術上的統一。

　　錢穆先生嘗論斷：「中國史學發達，應始東漢晚期，至魏晉南北朝大盛。」[2]六朝史學發展至極盛，此一現象當已是定論。[3]《隋書‧經籍志》史部便收錄了八百一十七部，一萬三千兩百六十四卷史著，來總括當時的史籍內容。[4]六朝私人修史風氣之盛，可謂空前絕後。然隨著政治上的統一、集權，史權也漸為政權所收攏、掌控。[5]唐太宗便

---

* 本章原發表於《成大中文學報》第81期（2023年6月），頁1-32。

1 《舊唐書‧太宗紀》史臣贊曰：「貞觀之風，到今歌詠。」參〔後晉〕劉昫等撰：《舊唐書》（北京：中華書局，2003年），卷3，頁63。

2 錢穆：〈略論魏晉南北朝學術文化與當時門第之關係〉，《中國學術思想史論叢》第3冊（臺北：東大圖書公司，1993年），頁141。

3 杜維運《中國史學史》（臺北：三民書局，1998年）、楊翼驤《中國史學史講義》（天津：天津古籍出版社，2006年）都標舉此說。

4 史部數量的統計，乃引用錢穆先生之說，參錢穆：〈略論魏晉南北朝學術文化與當時門第之關係〉，《中國學術思想史論叢》第3冊，頁141。

5 如隋文帝開皇十三年（西元593年），便直接下詔禁絕私撰史書，《隋書‧文帝紀》：「五月癸亥，詔人間有撰集國史、臧否人物者，皆令禁絕。」參〔唐〕魏徵等撰：《隋書》（北京：中華書局，1997年），卷2，頁38。

於貞觀三年（西元629年），建置獨立史館，[6]以宰相監修國史，並設兼職史官與專職史官。[7]劉知幾稱「廁其流者，實一時之美事」，[8]唐人也多將「監修國史」視為極大的榮譽，史官地位大幅提升。[9]但另一方面，史學也由六朝的私修與多元，漸漸走向了唐代的官修與統一。

　　而這樣的現象，也不僅單見於史學領域，於經學領域亦然。唐貞觀七年（西元633年），唐太宗命顏師古考定《五經》，「頒其所定之書於天下，令學者習焉。」[10]此亦可視為唐初官方在政治上統一天下後，亦欲統一經學思想。太宗於後再命孔穎達領銜纂修《五經義疏》，[11]直

6　《舊唐書‧職官志》：「史館：歷代史官，隸祕書省著作局，皆著作郎掌修國史。武德因隋舊制。貞觀三年閏十二月，始移史館於禁中，在門下省北，宰相監修國史，自是著作郎始罷史職。」參〔後晉〕劉昫等撰：《舊唐書》，卷43，頁1852。《新唐書‧百官志》：「史館：脩撰四人，掌脩國史。貞觀三年，置史館於門下省，以他官兼領，或卑位有才者亦以直館稱，以宰相涖脩撰；又於中書省置祕書內省，脩五代史。」參〔北宋〕歐陽修等著：《新唐書》（北京：中華書局，1997），卷47，頁1214。

7　唐代史官制度可參張榮芳：《唐代的史館與史官》（臺北：東吳大學中國學術著作獎助委員會，1984年）。

8　〈史官建置第一〉：「暨皇家之建國也，乃別置史館，通籍禁門。西京則與鸞渚為鄰，東部則與鳳池相接。館宇華麗，酒饌豐厚，得廁其流者，實一時之美事。」參〔唐〕劉知幾著，〔清〕浦起龍釋，白玉崢校點：《史通通釋》（臺北：藝文印書館，1978年），卷11，頁287。

9　《隋唐嘉話》：「薛中書元超謂所親曰：『吾不才，富貴過分，然平生有三恨：始不以進士擢第，不得娶五姓女，不得修國史。』」參〔唐〕劉餗撰，程毅中點校；〔唐〕張鷟撰，趙守儼儼點校：《隋唐嘉話、朝野僉載》（北京：中華書局，1979年），卷中，頁28。

10　《舊唐書‧顏師古傳》：「太宗以經籍去聖久遠，文字訛謬，令師古於祕書省考定五經，師古多所釐正，既成，奏之。太宗復遣諸儒重加詳議，于時諸儒傳習已久，皆共非之。師古輒引晉、宋已來今古本，隨言曉答，援據詳明，皆出其意表，諸儒莫不欸服。於是兼通直郎、散騎常侍，頒其所定之書於天下，令學者習焉。」參〔後晉〕劉昫等撰：《舊唐書》，卷73，頁2594。

11　《舊唐書‧儒學上》：「太宗又以經籍去聖久遠，文字多訛謬，詔前中書侍郎顏師古考定五經，頒於天下，命學者習焉。又以儒學多門，章句繁雜，詔國子祭酒孔穎達與諸儒撰定《五經義疏》，凡一百七十卷，名曰《五經正義》。」參〔後晉〕劉昫等撰：《舊唐書》，卷189上，頁4941。

至高宗永徽四年（西元653年），頒孔穎達《五經正義》於天下，統一六朝之義疏，於後每年明經依此考試。皮錫瑞即論之曰：「以經學論，未有統一若此之大且久者。」[12]

《群書治要》實也可置於相同的脈絡下觀察。《唐會要》載：

> 貞觀五年九月二十七日，祕書監魏徵撰《群書政要》，上之。太宗欲覽前王得失，爰自六經，訖于諸子；上始五帝，下盡晉年。徵與虞世南、褚亮、蕭德言等始成，凡五十卷。上之。諸王各賜一本。[13]

貞觀五年（西元631年），魏徵與虞世南、褚亮、蕭德言等朝臣，完成《群書治要》[14]一書。而傳統的學問，多以世運升降為己任、經世濟民為目的，也無怪乎《群書治要》所選，「爰自六經，訖于諸子」。其編纂方式為「總立新名，各全舊體，欲令見本知末，原始要終，並棄彼春華，採茲秋實。」[15]換言之，《群書治要》並非立新，而是盡量全依舊文，但以貞觀功臣魏徵[16]等人的思想、觀點加以棄採。是以《群

12　〔清〕皮錫瑞著，吳仰湘點校：《經學歷史》（北京：中華書局，2018年），頁198。

13　〔北宋〕王溥：《唐會要・修撰》，卷36，頁1。收入〔清〕紀昀等纂：《文淵閣四庫全書》。

14　書名見於載籍略有歧異，如《唐會要》稱「政要」，《大唐新語》稱「理要」。然依書序言，本章仍以「治要」名之：「爰自六經，訖乎諸子，上始五帝，下盡晉年，凡為五表，合五十卷。本求治要，故以治要為名。」參：〔唐〕魏徵、褚遂良、虞世南等編著：《群書治要》（臺北：世界書局，2011年），頁14。

15　〔唐〕魏徵、褚遂良、虞世南等編著：《群書治要》，頁14。

16　吳兢《貞觀政要》：「帝極歡，謂侍臣曰：『貞觀以前，從我平定天下，周旋艱險，玄齡之功無所與讓；貞觀之後，盡心於我，獻納忠讜，安國利人，成我今日功業，為天下所稱者，惟魏徵而已。』」由引文可知，唐太宗以魏徵為貞觀功臣第一人。參〔唐〕吳兢撰，謝保成集校：《貞觀政要集校》（北京：中華書局，2012年），卷1，頁63。

書治要》的編成，除了是「太宗欲覽前王得失」外，實則也可視為官方對六經諸子，衡定輕重、棄華採實的過程。故《群書治要》雖被歸為類書，[17]但絕非徒是遍採兼收，而是有所筆削取義於其中。[18]

《周禮・天官・宰夫》：「六曰史，掌官書以贊治。」[19]劉知幾《史通・曲筆》：「史之為用也，記功司過，彰善癉惡，得失一朝，榮辱千載。」[20]中國傳統史學的最終目的，同是「殷鑒不遠，在夏后之世」[21]此種對現世的關懷，唐太宗亦直言：「以古為鏡，可以知興替」、[22]「使朕致治稽古，臨事不惑」，[23]在在提示了史學資鑒贊治之效，與初唐君臣對史學的重視。[24]《群書治要》的編纂，亦是博採史書，前四史與《晉書》盡皆選錄。另一方面，《群書治要》於宋末大抵亡佚，[25]

---

17 《四庫全書總目》：「類事之書，兼收四部，而非經非史，非子非集。四部之內，乃無類可歸。」參〔清〕紀昀等纂：《文淵閣四庫全書總目》，卷135，頁1。

18 張瑞麟先生便認為，《群書治要》透過經典的選錄，展示貞觀時期魏徵等人蘊含「轉舊為新」與「著重實踐」的思維內涵。參氏著：〈轉舊為新：《群書治要》的編纂與意義〉，《文與哲》第36期（2020年6月），頁81-134。

19 〔東漢〕鄭玄注，〔唐〕賈公彥疏：《周禮注疏》，收入〔清〕阮元校刻：《重栞宋本十三經注疏》（臺北：藝文印書公司，2011），卷3，頁47-2。

20 〔唐〕劉知幾著，〔清〕浦起龍釋，白玉崢校點：《史通通釋》，卷7，頁184。

21 典出《詩經・大雅・蕩》，參〔西漢〕毛亨傳，鄭玄箋，〔唐〕孔穎達等正義：《毛詩正義》，收入〔清〕阮元校刻：《重栞宋本十三經注疏》，卷18，頁664-1。

22 《舊唐書・魏徵傳》載太宗言：「夫以銅為鏡，可以正衣冠；以古為鏡，可以知興替；以人為鏡，可以明得失。朕常保此三鏡，以防己過。今魏徵殂逝，遂亡一鏡矣！」參〔後晉〕劉昫等撰：《舊唐書》，卷71，頁2561。

23 《唐新語》載李世民答魏徵上《群書理要》手詔：「朕少尚威武，不精學業，先王之道，茫若涉海。覽所撰書，博而且要，見所未見，聞所未聞，使朕致治稽古，臨事不惑。其為勞也，不亦大哉！」參〔唐〕劉肅：《唐新語》，卷9，頁1。收入〔清〕紀昀等纂：《文淵閣四庫全書》。

24 瞿林東先生亦指出，唐太宗對歷史和政治的關係有較深刻的認識。參氏著：《唐代史學論稿》（北京：北京師範大學出版社，1989年），頁20。

25 潘銘基先生：「《群書治要》自成以後，兩唐書俱有載錄。及後漸有佚失……《宋志》以後，公私書目俱不載《群書治要》，蓋已散佚。」參氏著：〈《群書治要》所

幸於日本流傳，[26]得於清時回傳中國。是以《群書治要》於文獻版本上，多有考訂校勘之功，[27]對史部典籍的相關研究，也以此最為特出。《史記》、[28]《漢書》、[29]《後漢書》、[30]《三國志》，[31]皆有豐碩研究成果可參。進一步討論內容思想，研究《群書治要》對史部的筆削與取義者，目前則有邱詩雯〈治要與成一家言：論《群書治要》對《史記》的剪裁與再造〉、[32]許愷容〈論《群書治要‧漢書》的編選意識與價值〉、[33]張珮瑜〈論《群書治要》引《吳志》所見「嫡庶觀」〉、[34]洪

見《漢書》及其注解研究──兼論其所據《漢書》注本〉，《成大中文學報》第68期（2020年3月），頁77-78。

26　《群書治要》版本流傳，可參潘銘基：〈日藏平安時代九条家本《群書治要》研究〉，《中國文化研究所學報》第67期（2018年7月），頁1-40。

27　吳金華：〈略談日本古寫本《群書治要》的文獻價值〉，《文獻》第3期（2003年7月），頁118-127。又，《群書治要》文獻考訂的相關篇章，黃聖松先生有詳盡整理，列出多達二十種研究成果。參氏著：〈天明本《群書治要》引《左傳》改易文字析論〉，收入林朝成、張瑞麟主編：《第一屆《群書治要》國際學術研討會論文集》（臺北：萬卷樓圖書公司，2020年），頁37-38。

28　如侯建明：〈金澤本《群書治要》對《史記》、《漢書》校正十三則〉，《古籍整理研究學刊》第4期（2020年7月），頁50-54。

29　如潘銘基：〈《群書治要》所見《漢書》及其注解研究──兼論其所據《漢書》注本〉，《成大中文學報》，頁73-114。

30　如沈薈：《古寫本《群書治要‧後漢書》異文研究》（上海：復旦大學漢語言文字學博士論文，2010年）。

31　如林溢欣：〈從日本藏卷子本《群書治要》看《三國志》校勘及其版本問題〉，《中國文化研究所學報》第53期（2011年7月），頁193-216。後收入氏著：《《群書治要》引書考》（香港：香港中文大學中國語言及文學系碩士論文，2011年）。

32　邱詩雯：〈治要與成一家言：論《群書治要》對《史記》的剪裁與再造〉，《成大中文學報》第68期（2020年3月），頁43-72。

33　許愷容：〈論《群書治要‧漢書》的編選意識與價值〉，收入林朝成、張瑞麟主編：《第一屆《群書治要》國際學術研討會論文集》，頁255-274。

34　張珮瑜：〈論《群書治要》引《吳志》所見「嫡庶觀」〉，發表於「2022道南論衡全國研究生學術研討會」，國立政治大學中國文學系主辦，2022年11月5日。

觀智《《群書治要》史部研究——從貞觀史學的致用精神談起》[35]等
文。可以發現，相較於文獻考訂，內容思想的研究，實有進一步開展
的空間。

　　三國時期是中國史上第一次由秦漢一統王朝，轉而邁向多政權並
立的分裂時期，對追求一統王朝、安泰盛世的唐初君臣言，陳壽《三
國志》[36]自有其高度可論性與特殊性。加之領銜編纂《群書治要》的
魏徵，本身亦是優秀的史家，「時稱良史」。[37]本章即以「《三國志》
『畏懼之史』的消融」、「《群書治要》『本求治要』的勸戒」兩端，細
緻考述《群書治要》於編纂時，面對三國紛雜史事，其筆削去取的標
準，與編纂者所欲呈現的思想取義、史家心識。

二　《三國志》「畏懼之史」的消融

　　考之史傳，陳壽年輕時仕途還算順遂，然蜀漢後期黃皓弄權，
「壽獨不為之屈，由是屢被譴黜」。[38]後因父喪使婢丸藥，坐不孝之
名，[39]為此沉滯數年，直至蜀漢覆亡。直到西晉武帝泰始四年（西元

---

35 洪觀智：《《群書治要》史部研究——從貞觀史學的致用精神談起》（臺北：國立臺
　　灣大學中國文學系碩士論文，2015年）。

36 《群書治要》中《魏志》、《蜀志》、《吳志》三書分錄，《舊唐書·藝文志》也同是
　　三志分錄。然《隋書·經籍志》中乃以《三國志》六十五卷收錄，而北宋之後也都
　　是三志合刊以迄於今。故行文中仍將《群書治要》所收三志統稱為《三國志》，以
　　減少閱讀理解之歧異。

37 《舊唐書·魏徵傳》：「初，有詔遣令狐德棻、岑文本撰《周史》，孔穎達、許敬宗
　　撰《隋史》，姚思廉撰《梁》、《陳史》，李百藥撰《齊史》。徵受詔總加撰定，多所
　　損益，務存簡正。〈隋史序論〉，皆徵所作，梁、陳、齊各為〈總論〉，時稱良
　　史。」參〔後晉〕劉昫等著：《舊唐書》，卷71，頁2549-2550。

38 〔唐〕房玄齡等著：《晉書》，卷82，頁2137。

39 《晉書·陳壽傳》：「遭父喪，有疾，使婢丸藥，客往見之，鄉黨以為貶議。及蜀
　　平，坐是沉滯者累年。」參〔唐〕房玄齡等著：《晉書》，卷82，頁2137。

268年），方因羅憲[40]的薦舉而舉為孝廉，再次踏上仕途。後受張華賞識，於泰始五年（西元269年）除著作郎，領本郡中正，[41]後卻又因母喪洛陽未歸葬，遭貶議廢辱近十年，[42]「位望不充其才，當時冤之」。[43]學界一般認為陳壽《三國志》成書於西元二八〇至西元二九〇年之間。於時西晉統一天下，已無兵燹戰火。但《晉書・阮籍傳》卻直言「魏晉之際，天下多故，名士少有全者」，[44]此「天下多故」者，實為晉朝的高壓統治所造成，是屬於朝廷內部的衝突，是以七賢者流唯有佯狂遁世，委曲求全。《世說新語・尤悔》：

> 王導、溫嶠俱見明帝，帝問溫前世所以得天下之由。溫未荅。
> 頃，王曰：「溫嶠年少未諳，臣為陛下陳之。」王迺具敘宣王
> 創業之始，誅夷名族，寵樹同己。及文王之末，高貴鄉公事。
> 明帝聞之，覆面著床曰：「若如公言，祚安得長！」[45]

---

40 《三國志・霍峻傳》引《襄陽記》：「四年三月，從帝宴于華林園，詔問蜀大臣子弟，後問先輩宜時敘用者，憲薦蜀郡常忌、杜軫、壽良、巴西陳壽……即皆敘用，咸顯於世。」參〔晉〕陳壽著，〔南朝宋〕裴松之注：《三國志》（北京：中華書局，2003年），卷41，頁1009。

41 〔唐〕房玄齡等著：《晉書》，卷82，頁2137。《三國志・譙周傳》：「五年，予嘗為本郡中正，清定事訖，求休還家，往與周別。」參〔晉〕陳壽著，〔南朝宋〕裴松之注：《三國志》，卷42，頁1033。

42 《晉書・陳壽傳》：「母遺言令葬洛陽，壽遵其志。又坐不以母歸葬，竟被貶議。初，譙周嘗謂壽曰：『卿必以才學成名，當被損折，亦非不幸也。宜深慎之。』壽至此，再致廢辱，皆如周言。」參〔唐〕房玄齡等著：《晉書》，卷82，頁2138。

43 〔晉〕常璩著，任乃強校注：《華陽國志校補圖注》（上海：上海古籍出版社，2011），卷11，頁634。案，陳壽相關生平亦可參楊耀坤、伍野春著：《陳壽、裴松之評傳》（南京：南京大學出版社，2007年）。

44 〔唐〕房玄齡等著：《晉書》，卷49，頁1360。

45 余嘉錫著，周祖謨、余淑宜整理：《世說新語箋疏》（臺北：華正書局，1991年），下卷下，頁900。亦見〔唐〕房玄齡等著：《晉書・宣帝紀》，卷1，頁20。

司馬氏「誅夷名族，寵樹同己」的高壓統治、殘虐不仁，足以讓東晉明帝感到無顏相對、覆面著床。且漢末三國之際，因史遭禍者亦是不絕於書，蔡邕、[46]韋昭[47]等皆是陳壽的前車之鑑。歷代學者對《三國志》批評道：

> 當宣、景開基之始，曹、馬搆紛之際，或列營渭曲，見屈武侯，或發仗雲臺，取傷成濟；陳壽、王隱，咸杜口而無言。[48]
> 乃《魏志》但書高貴鄉公卒，年二十，絕不見被弒之跡……本紀如此，又無列傳散見其事，此尤曲筆之甚者矣。[49]
> 唯獨書中時有曲筆，替西晉統治者隱惡溢美，多所回護，這的

---

46 裴松之《三國志》注引謝承《後漢書》：「蔡邕在王允坐，聞卓死，有歎惜之音。允責邕曰：『卓，國之大賊，殺主殘臣，天地所不祐，人神所同疾。君為王臣，世受漢恩，國主危難，曾不倒戈，卓受天誅，而更嗟痛乎？』便使收付廷尉。邕謝允曰：『雖以不忠，猶識大義，古今安危，耳所厭聞，口所常玩，豈當背國而向卓也？狂瞽之詞，謬出患入，願黥首為刑以繼《漢史》。』公卿惜邕才，咸共諫允。允曰：『昔武帝不殺司馬遷，使作謗書，流於後世。方今國祚中衰，戎馬在郊，不可令佞臣執筆在幼主左右，後令吾徒並受謗議。』遂殺邕。」參〔晉〕陳壽著，〔南朝宋〕裴松之注：《三國志》，卷6，頁180。

47 本傳載：「孫皓即位，封高陵亭侯，遷中書僕射，職省，為侍中，常領左國史。時所在承指數言瑞應。皓以問曜，曜答曰：『此人家篋笥中物耳。』又皓欲為父和作紀，曜執以和不登帝位，宜名為傳。如是者非一，漸見責怒……皓以為不承用詔命，意不忠盡，遂積前後嫌忿，收曜付獄……華覈連上疏救曜曰：『……昔班固作《漢書》，文辭典雅，後劉珍、劉毅等作《漢記》，遠不及固，敘傳尤劣。今《吳書》當垂千載，編次諸史，後之才士論次善惡，非得良才如曜者，實不可使闕不朽之書。如臣頑蔽，誠非其人。曜年已七十，餘數無幾，乞赦其一等之罪，為終身徒，使成書業，永足傳示，垂之百世……』皓不許，遂誅曜，徙其家零陵。」參〔晉〕陳壽著，〔南朝宋〕裴松之注：《三國志》，卷65，頁1462-1464。

48 〔唐〕劉知幾著，〔清〕浦起龍釋，白玉崢校點：《史通通釋》，卷7，頁178-179。

49 〔清〕趙翼撰，曹光甫校點：《廿二史劄記》（南京：鳳凰出版社，2008年），卷6，頁82。

確是《三國志》的缺點。[50]

劉知幾、趙翼批評陳壽對於魏晉王朝易鼎之際，少主曹髦被權臣司馬昭逆弒之事「杜口而無言」、「曲筆之甚」，當代學者繆鉞先生亦同主「曲筆回護」之說。[51]可以理解的是，陳壽在當時「同日斬戮，名士減半」[52]的時空環境下私撰國史，自是謹小慎微，甚或不得不有所隱晦。本田濟先生便稱陳壽《三國志》為「畏懼之史」，[53]這樣的觀察當是準確的。

　　誠如上述，陳壽《三國志》自有其時代課題、作者性格，成其「一家之言」。當代的史學觀念，大抵也能襄贊此一觀點：

　　　　任何為真相而著之史書，均不能於其中免除意識形態成分。[54]
　　　　不論歷史的可驗證性多高，可接受性或可核對性多廣泛，它仍
　　　　然不免是個人思維的產物，是歷史學家作為一個「敘述者」觀

---

50 繆鉞：《《三國志》與陳壽研究》，《繆鉞全集》第4卷（石家莊：河北教育出版社，2004年），頁7。

51 相關說法於本書第三章會再細緻討論。

52 〔晉〕陳壽著，〔南朝宋〕裴松之注：《三國志》，卷28，頁759。

53 本田濟先生：「しかし、『史記』が「悲憤の史」、『漢書』が「矜恃の史」であるとすれば、『三國志』を「畏懼の史」と定義することは、強ち不當ではある。」參〔日〕本田濟：〈陳壽の『三國志』〉，《東洋思想研究》（東京：創文社，1987年），頁696。張師高評亦有相關研究，參氏著：〈《春秋》筆削見義與傳統敘事學——兼論《三國志》《三國志注》之筆削書法〉，《文史哲》，卷1，（2022年1月），頁117-130。

54 〔美〕海登・懷特（Hyden White）著，劉世安譯：《史元——十九世紀歐洲的歷史意象》（The Historical Imagination in Nineteenth-Century Europe）（臺北：麥田出版公司，1999年），頁24。相關論述亦可參〔美〕海登・懷特著；陳永國、張萬娟譯：《後現代歷史敘事學》（北京：中國社科院，2003年）。〔美〕海登・懷特著，董立河譯：《話語的轉義——文化批評文集》（Tropics of Discourse: Essays in Cultural Criticism）（北京：大象出版社，2011年）。

點的表示。[55]

換言之，史籍的編寫，不論如何力求客觀，也必然會帶有史家個人的
觀點、史識於其中。此點不獨《三國志》如此，於《群書治要》亦
同。換言之，《群書治要》即便全依舊文，但在衡量史事棄採、筆削
史文的過程，實則也都牽涉到史家的價值判斷。觀察魏徵等人對《三
國志》的筆削棄採，便可以發現，陳壽的「畏懼之史」，在一定程度
上是被消融掉的。舉例言之，《三國志・荀彧傳》：

> 十七年，董昭等謂太祖宜進爵國公，九錫備物，以彰殊勳，密
> 以諮彧。彧以為太祖本興義兵以匡朝寧國，秉忠貞之誠，守退
> 讓之實；君子愛人以德，不宜如此。太祖由是心不能平。會征
> 孫權，表請彧勞軍于譙，因輒留彧，以侍中光祿大夫持節，參
> 丞相軍事。太祖軍至濡須，彧疾留壽春，以憂薨，時年五十。
> 諡曰敬侯。明年，太祖遂為魏公矣。[56]

荀彧是否因收到曹操「空食器」[57]而自殺等事，向來是學術界的討論
熱點。[58]單以引文記載言，陳壽先明載荀彧反對曹操加九錫、[59]進魏

---

55 〔英〕凱斯・詹京斯（Keith Jenkins）著，賈士蘅譯：《歷史的再思考》（Re-Thinking
   History）（臺北：麥田出版公司，1999年），頁96。

56 〔晉〕陳壽著，〔南朝宋〕裴松之注：《三國志》，卷10，頁317。

57 裴注引《魏氏春秋》曰：「太祖饋彧食，發之乃空器也，於是飲藥而卒。」參
   〔晉〕陳壽著，〔南朝宋〕裴松之注：《三國志》，卷10，頁317。

58 參襪夢庵：〈荀彧的心跡〉，《三國人物論集》（臺北：臺灣商務印書館，1996年），
   頁181-186。

59 《漢書・王莽傳》：「故宗臣有九命上公之尊，則有九錫登等之寵。」顏師古注曰：
   「《禮含文嘉》云：『九錫者，車馬、衣服、樂懸、朱戶、納陛、虎賁、鈇鉞、弓
   矢、秬鬯也。』」九錫即九賜，乃九種皇帝專用之器具，人臣之寵者，一般多只受

公。於後再以屬辭比事[60]之法，繫以荀彧「以憂薨」，而後明年「太祖遂為魏公矣」。讓反對加九錫、荀彧死、曹操「遂」為魏公三者並列，進而產生一種幽微不明的因果關係。陳壽當是認為荀彧因反對曹操稱魏公而死，但於當時的環境下未能明寫，故以側筆達微婉顯晦的勸懲之效。

　　《群書治要》雖收〈荀彧傳〉，但相關生平事蹟盡皆未取，僅再節錄裴松之注引《彧別傳》：

> 荀彧，字文若，潁川人也。為侍中尚書令。《彧別傳》曰：彧德行周備，非正道不用心，名重天下，莫不以為儀表，海內英俊咸宗焉。然前後所舉，佐命大才，則荀攸、鍾繇、陳群、司馬宣王，及引致當世知名郗慮、華歆、王朗、荀悅、杜襲、辛毗、趙儼之儔，終為卿相，以十數人。取士不以一揆，戲志才、郭嘉等有負俗之譏，杜畿簡傲少文，皆以智策舉之，終各顯名。荀攸後為魏尚書令，推賢進士。太祖曰：「二荀令之論人也，久而益信，吾沒世不忘也。」[61]

其一、二。於曹操之前僅有王莽加過九錫，故其篡位之義昭然。引文參〔東漢〕班固著，〔唐〕顏師古注：《漢書》（北京：中華書局，2005年），卷99上，頁4072。

60　《禮記・經解》：「屬辭比事，《春秋》教也。」參〔東漢〕鄭玄注，〔唐〕孔穎達等正義：《禮記正義・經解》，收入〔清〕阮元校刻：《重栞宋本十三經注疏》，卷50，頁845-1。晚近張師高評先生，對「屬辭比事」概念多有研究、闡發，認為「屬辭比事」原是《春秋》的書寫方法，能使其有微文隱義。亦可逆推為《春秋》的理解、詮釋方法：「所謂屬辭比事，指辭文之散濇橫梗者，宜統整連屬之；載事之參伍懸遠者，當比次類及之。原始要終，張本繼末，宏觀綜覽之，系統尋繹之；如此，可作解讀《春秋》之要領，詮釋《春秋》之津筏。其法先作比較、歸納，然後再作類推、演繹。《春秋》一萬六千餘言，由辭見事，理解不難；然義指寄乎事與文之中，幽微隱晦，非有奇特法門，解索不易。」詳參氏著：《屬辭比事與《春秋》詮釋學》（臺北：新文豐出版公司，2019年），頁512。

61　〔唐〕魏徵、褚遂良、虞世南等編著：《群書治要》，卷25，頁310。

可以發現，《群書治要》所欲呈現的重點在於，荀彧善於推賢進士、舉才論人。且《三國志》原文為「進彧為漢侍中守尚書令」，[62]《群書治要》將其刪減，所引錄的《彧別傳》又稱其為「魏尚書令」，足可推敲魏徵等人，對於荀彧究竟是屬漢臣或魏臣的觀點為何。[63]而《群書治要》敘事重心既未放在荀彧身為漢臣或魏臣的討論，也對荀彧壯年突然身故[64]的因由隻字未提，自然不見陳壽對此處載記的「《春秋》書法」，與避禍存實之心。《群書治要》並非刻意剔除，但就現象論，其所筆削棄採的《三國志》，確實已不具陳壽「畏懼之史」的幽微內涵。

又如甄后[65]之事。甄后本袁熙妻，袁紹敗後，為曹丕所納。[66]然曹丕稱帝後，甄后僅「愈失意，有怨言」，[67]旋被曹丕賜死。於其時，甄氏已生曹叡，為曹丕嫡長子，明帝也在即位後追尊母氏為后。甄后僅因「有怨言」就被賜死，確實是顯得曹丕氣量狹小、意氣用事，無「曠大之度、公平之誠」。[68]是以當朝史官載記，對此不免有尊親、粉

---

62 〔晉〕陳壽著，〔南朝宋〕裴松之注：《三國志》，卷10，頁310。

63 另一旁證則為范曄《後漢書》有〈荀彧傳〉，但《群書治要》未有選錄。

64 裴注引《魏氏春秋》、《獻帝春秋》所載死因有別於陳壽，張大可亦指出：「關於荀彧之死，史料記載有許多歧異……這些不同記載都說明荀彧死得突然，內情隱密。荀彧死年五十一歲，正當年富力強之時，怎麼會突然死去呢？」參張大可：《三國史研究》（北京：華文出版社，2003年），頁223。

65 《三國志》未載其名，後世稱甄宓者，乃附會曹植〈洛神賦〉「斯水之神，名曰宓妃」而來。

66 《世說新語‧惑溺》：「魏甄后惠而有色，先為袁熙妻，甚獲寵。曹公之屠鄴也，令疾召甄，左右白：『五官中郎已將去。』公曰：『今年破賊，正為奴。』」參余嘉錫著，周祖謨、余淑宜整理：《世說新語箋疏》，下卷下，頁917。

67 「踐阼之後，山陽公奉二女以嬪于魏，郭后、李、陰貴人並愛幸，后愈失意，有怨言。帝大怒，二年六月，遣使賜死，葬于鄴。」參〔晉〕陳壽著，〔南朝宋〕裴松之注：《三國志》，卷5，頁160。

68 陳壽評曰：「文帝天資文藻，下筆成章，博聞彊識，才藝兼該；若加之曠大之度，勵以公平之誠，邁志存道，克廣德心，則古之賢主，何遠之有哉！」參〔晉〕陳壽著，〔南朝宋〕裴松之注：《三國志》，卷2，頁89。日本學者津田資久便也明白指

飾之筆。[69]陳壽於〈后妃傳〉中，不便明言甄后為曹丕冤殺，故草蛇灰線，於〈方技傳〉中婉曲側寫甄后當為「冤死」：

> 帝復問曰：「我昨夜夢青氣自地屬天。」宣對曰：「天下當有貴女子冤死。」是時，帝已遣使賜甄后璽書，聞宣言而悔之，遣人追使者不及。[70]

陳壽以「本傳晦之，他傳發之」的互見筆法，[71]藉曹丕與周宣間的對話，指出甄后乃「冤死」、曹丕「悔之不及」。但《群書治要》於〈后妃傳〉並未選錄甄后，亦將〈方技傳〉盡皆汰除。陳壽於此處史筆的謹小慎微，自然也就不可得見了。[72]

　　最末再以高貴鄉公曹髦被弒之事為例。權臣弒君，為《春秋》所

出，此為「暗示這些德目全部缺乏。」參〔日〕津田資久：〈《三國志‧曹植傳》再考〉，收入《中國中古史研究》編委會編：《中國中古史研究‧第一卷》（北京：中華書局，2011年），頁76。

69 甄后之死，陳壽《三國志》記載隱晦，然裴注所引《魏書》、《魏略》有立場相異的補充，此中可見不同史籍間，尊魏或尊晉的政治傾向。參陳俊偉：〈魚豢《魏略》的宮闈秘事之敘述傾向──以王沈《魏書》、陳壽《三國志》為參照〉，《漢學研究》第33卷第4期（2015年12月），頁109-140。

70 〔晉〕陳壽著，〔南朝宋〕裴松之注：《三國志》，卷29，頁810。

71 蘇洵〈史論中〉：「是故本傳晦之，而他傳發之，則其與善也，不亦隱而彰乎。」參〔北宋〕蘇洵著，曾棗莊、金成禮箋註：《嘉祐集箋註》（上海：上海古籍出版社，1993年），卷9，頁233。後清人李笠對此觀念也多有發揮：「史臣敘事，有缺於本傳而詳於他傳者，是曰，『互見』。史公則以屬辭比事而互見焉。以避諱與嫉惡，不敢明言其非，不忍隱蔽其事，而互見焉。」見〔清〕李笠：《史記訂補‧敘例》，收入《四庫未收書輯刊》6輯‧5冊（北京：北京出版社，2000年），頁6。

72 案，因晉承魏統，且晉之代魏與魏之代漢可說是如出一轍，標舉「堯舜禪讓」。是以西晉官方對曹魏政權仍是持正面態度，乃至多所維護。如荀彧之死關乎漢魏禪代，甄后之死事涉宮闈秘辛，是以陳壽撰史時謹小慎微，以「微婉顯晦」、「本傳晦之，他傳發之」的《春秋》筆法加以載記。

深責。魏晉鼎革之際，案裴注所引《漢晉春秋》言，曹髦之死自是晉廷難言之醜事：

> 帝見威權日去，不勝其忿。乃召侍中王沈、尚書王經、散騎常侍王業，謂曰：「司馬昭之心，路人所知也。吾不能坐受廢辱，今日當與卿等自出討之……中護軍賈充又逆帝戰於南闕下，帝自用劍。眾欲退，太子舍人成濟問充曰：「事急矣。當云何？」充曰：「畜養汝等，正謂今日。今日之事，無所問也。」濟即前刺帝，刃出於背。文王聞，大驚，自投于地曰：「天下其謂我何！」[73]

依引文言之，曹髦先是「威權日去，不勝其忿」，後又直言「司馬昭之心，路人所知也」，鼓譟出雲龍門，而遭成濟刺殺，「刃出於背」。並詳載賈充唆使之語和司馬昭的反應，如「趙盾弒其君」[74]般，歸罪之義甚明。《漢晉春秋》乃東晉習鑿齒所撰，成書約在西元三六九至三七三年間，裴松之讚譽此段「述此事差有次第」。[75]也正因八王之亂、晉室南渡的生聚教訓，加之時移境遷，東晉諸人方能較無忌憚的檢討前朝得失。然陳壽身處西晉之世，自然是「切當世之文而罔褒，忌諱之辭也」。[76]曹髦之死《三國志》雖然僅載：「五月己丑，高貴鄉公卒，年二十。」[77]看似語焉不詳，然陳壽實是以書卒、不地之義，

---

73 〔晉〕陳壽著，〔南朝宋〕裴松之注：《三國志》，卷4，頁143。

74 〔晉〕杜預注，〔唐〕孔穎達等正義：《春秋左傳正義》，收入〔清〕阮元校刻：《重栞宋本十三經注疏》，卷21，頁362-2、365-1。

75 〔晉〕陳壽著，〔南朝宋〕裴松之注：《三國志》，卷4，頁143。

76 史公論曰：「孔氏著《春秋》，隱桓之閒則章，至定哀之際則微，為其切當世之文而罔褒，忌諱之辭也。」參〔西漢〕司馬遷著，〔南朝宋〕裴駰集解，〔唐〕司馬貞索隱，〔唐〕張守節正義：《史記》（北京：中華書局，2008年），卷110，頁2919。

77 〔晉〕陳壽著，〔南朝宋〕裴松之注：《三國志》，卷4，頁143。

側寫曹髦見弒之實，[78]達「《春秋》書法」「微而顯，志而晦，婉而成章，盡而不汙，懲惡而勸善」[79]之功。陳壽《三國志》所使用的「《春秋》書法」，與其「畏懼之史」的幽微內涵，依目前學界的研究成果，當是可以確實論證的。但《群書治要》在《三國志‧三少帝紀》的部分，僅選錄齊王芳，於後的高貴鄉公曹髦、陳留王奐盡皆刪除。[80]誠如李紀祥先生所提示：

> 與「書寫」同時存在的，是「未書寫」。在有形文字書寫「之中」，我們認為，仍然存在著一種「空白」，一旦「書寫」自筆端瀉下，也就一併而存。「未書寫」的「空白」，正是在「書寫」的有形處、上下文、行文「之中」，與之偕存。[81]

以《群書治要》言之，其所擷取、呈現的書寫處，固然富含意義，值得討論。然在有底本可以對照的情況下，其未書寫處，實則也是一併呈現，有其可以取義之處。

---

78 筆者嘗以「通篇究終始之書法」、「讖緯書法」、「書卒、不地之《春秋》義例」三端，分析陳壽於此之《春秋》書法。可參拙作：〈曲筆書弒，以史傳真——《三國志》曹髦被弒之《春秋》書法〉，《成大中文學報》第53期（2016年6月），頁1-32。因考量章節架構與論述偏重，此問題本章略而不談，然於第三章第三節，會再有所討論。

79 〔晉〕杜預注，〔唐〕孔穎達等正義：《春秋左傳正義》，收入〔清〕阮元校刻：《重栞宋本十三經注疏》，卷27，頁465-1。又《左傳》昭公三十一年：「《春秋》之稱，微而顯，婉而辨。上之人能使昭明，善人勸焉，淫人懼焉，是以君子貴之。」亦是同義。見前揭書，卷53，頁930。

80 案，逼殺曹髦者為司馬昭，而唐初史臣編撰《晉書》，帝紀由司馬懿始，然《群書治要》則由司馬炎始。此中或有劉知幾所論王朝斷限「如《漢書》者，究西都之首末，窮劉氏之廢興，包舉一代，撰成一書」可談。參〔唐〕劉知幾著，〔清〕浦起龍釋，白玉崢校點：《史通通釋》，卷1，頁21、卷4，頁88-94。

81 李紀祥：〈《春秋》中的「空白」：「闕文」與「不書」〉，《時間‧歷史‧敘事》（臺北：華藝學術出版社，2013年），頁59-114。

　　依本節所論，陳壽《三國志》以微婉顯晦的「《春秋》書法」，留存他所認同的歷史真相，待後世知音探驪。[82]《群書治要》對經史論著之編裁、刪減乃是常態，本節所欲凸顯論述者，乃是經過《群書治要》的編裁後，其所收錄的《三國志》，與陳壽《三國志》，除了字數的減少外，還有何不同。《群書治要》欲求：「採摭群書，翦截浮放，光昭訓典，聖思所存，務乎政術。」[83]《群書治要》的成書目的十分明確，在「務乎政術」此一主要目的下，當是無暇也無須細讀《三國志》中的微文隱義，乃至反對陳壽「畏懼之史」的幽微內涵，而故意刪汰文字。但在「棄彼春華，採茲秋實」的過程中，雖非刻意，卻也連帶消融、解構了陳壽《三國志》「畏懼之史」的幽微內涵。就現象論，《群書治要》所錄的《三國志》，已不再是原先陳壽的「畏懼之史」了。而此一「畏懼之史」的不復存，相對而言，也正是《群書治要》所收《三國志》的特色所在。《群書治要》雖是全依舊文，但在衡量史事棄採、筆削史文的過程中，實則也已改變所錄原書的面貌，進而呈現出屬於編纂者的獨特觀點與意識。

三　《群書治要》「本求治要」的勸戒

　　一如前引唐太宗所言，「以古為鏡，可以知興替」、「使朕致治稽古，臨事不惑」，史學本有資鑒贊治之功。直接由字數觀察，《三國

82　《三國志》外，以「《春秋》書法」的觀點詮解史籍，學界多有開展。舉其大者，
　　如張師高評：〈《史記》筆法與《春秋》書法〉，《春秋書法與左傳學史》（臺北：五
　　南圖書出版公司，2002年），頁57-104。潘銘基：《《漢書》及其春秋筆法》（北京：
　　中華書局，2019年）。鍾書林：〈《後漢書》的春秋褒貶與《三國志》之比較〉，《范
　　曄之人格與風格》（北京：中國社會科學出版社，2010年），頁179-231。
83　〔唐〕魏徵、褚遂良、虞世南等編著：《群書治要》，頁13-14。

志》約六十九萬零兩百一十字，[84]《群書治要》則刪汰為三萬九千七百五十八字，[85]僅存約原書的百分之六，當真是「十不存一」。舉實例言，《三國志‧武帝紀》全文約三萬字，然《群書治要》將其刪減至不到五百字。在這樣的刪節下，史部以「實錄」[86]資鑒之功，於此誠是難以達成。但以其採錄、留存較多的篇幅來看，則可凸顯出魏徵等人所偏重。如以〈鮑勛傳〉為例，鮑勛出身世家，[87]且「內行既脩，廉而能施」，[88]陳壽評其為「秉正無虧」。[89]鮑勛為御史中丞，乃諫官，《三國志‧鮑勛傳》主要載其勸諫曹丕之事。具體事件《群書治要》全部選錄，僅削棄部分文字，將原文一千三百二十九字減至五百九十三字，以全書比例來講，保留甚多。條理《群書治要》所載鮑勛勸諫之事如下：

（一）太子郭夫人弟，斷盜官布，法應棄市。太子數手書為之請，勛不敢擅縱，具列上。

（二）文帝受禪，勛每陳今之所急，唯在軍農，寬惠百姓，臺榭苑囿，宜以為後。

84　此為吳金華先生之統計，參吳金華：《三國志校詁》（南京：江蘇古籍出版社，1990年），頁301。案，宋人晁公武《郡齋讀書志》：「宋文帝嫌其略，命裴松之補註，博采群說，分入書中，其多過本書數倍。」四庫館臣李龍官：「裴松之注更三倍於正文。」因志、注多寡的問題，學界對《三國志》諸版本的字數多有統計，結論則皆為志比注多。

85　此為筆者自行以電子文檔統計，已去除標點符號。容有誤差，然仍可見其大概。

86　「善惡必書，斯為實錄。」參〔唐〕劉知幾著，〔清〕浦起龍釋，白玉崢校點：《史通通釋》，卷14，頁364。

87　本傳載：「漢司隸校尉鮑宣九世孫……勛父信，靈帝時為騎都尉。」參〔晉〕陳壽著，〔南朝宋〕裴松之注：《三國志》，卷12，頁383。

88　〔晉〕陳壽著，〔南朝宋〕裴松之注：《三國志》，卷12，頁386。

89　〔晉〕陳壽著，〔南朝宋〕裴松之注：《三國志》，卷12，頁390。

（三）帝將出游獵，勛停車上疏曰：「臣聞五帝三王，靡不明
　　　本立教……」

（四）問侍臣曰：「獵之為樂，何如八音也。」侍中劉曄對曰：
　　　「獵勝於樂。」勛抗辭曰：「夫樂上通神明，下和人理，
　　　隆治致化，萬邦咸乂……請有司議罪，以清皇朝。」

（五）帝欲征吳，群臣大議，勛面諫以為不可。[90]

曹丕為太子時，舅氏犯法，鮑勛不敢擅縱。曹丕即位後，鮑勛力陳務
在軍農，不該大興宮室。曹丕性好游獵，太子時尚能自持，即位後大
肆放縱，鮑勛對此抗言直諫。游獵途中，劉曄曲意媚上，鮑勛更是慷
慨陳辭，請有司議罪。黃初六年（西元225年），曹丕欲興兵伐吳，鮑
勛於群臣中直言面諫不可。但曹丕執意發動戰爭，果大敗而歸。由此
五條記載，足見鮑勛之忠心耿直，力在匡扶主君。

《群書治要》連鮑勛冤死的細節亦詳載之：

詔曰：「勛指鹿作馬，收付廷尉。」廷尉法議正刑五歲，三官
駁依律罰金二斤。帝大怒曰：「勛無活分，而汝等敢縱之。收
三官以下付刺奸，當令十鼠同穴。」大尉鍾繇，司徒華歆等，
並表勛父信有功於太祖，求請勛罪。帝不許，遂誅勛。勛內行
既修，廉而能施，死之日，家無餘財，莫不為勛嘆恨。[91]

依法鮑勛當罰金二斤，最多為五歲刑，但曹丕卻是尋釁以莫須有的罪
名，執意誅戮鮑勛，鍾繇、華歆等一眾大臣也救之不可。《群書治
要》的筆削棄採，多以刪減為主，不會刻意增加文字，而行文敘述雖

90　〔唐〕魏徵、褚遂良、虞世南等編著：《群書治要》，卷25，頁313-314。
91　〔唐〕魏徵、褚遂良、虞世南等編注：《群書治要》，卷25，頁314。

有頭尾完整性，但也常常只擷取重要段落，致使相對於《三國志》原文，人物生平事蹟並不完整。譬如關羽只選取到義別曹操，於後便完全刪除。[92]以此角度觀察，鮑勛冤死的細節，確實是相對明顯，呈顯出編纂者對於「勸諫之文、勸諫之人」的重視。

再如〈黃權傳〉，黃權乃巴西閬中人，[93]陳壽載記時，藉由曹丕之口讚其「有局量」，寫司馬懿「深器之」。[94]《群書治要》則選錄其勸諫劉璋勿迎劉備，與勸諫劉備伐吳二事。以後者為例：

> 先主將東伐吳，權諫曰：「吳人捍戰，又水軍順流，進易退難。臣請為先驅以嘗寇，陛下宜為後鎮。」先主不從，以權為鎮北將軍，督江北軍。南軍敗績，先主引退，而道隔絕，權不得還，故率將所領降于魏。有司執法，白收權妻子。先主曰：「孤負黃權，權不負孤也。」待之如初。[95]

黃權勸諫劉備勿輕率犯險，但劉備並未聽從，終至夷陵大敗。吳軍乘流斷圍，黃權困於長江北岸，只能率眾投降魏國。而《群書治要》的筆削棄採，除了勸諫之文外，也載錄劉備縱然未能聽勸，但事後卻是有所自省，直言「孤負黃權，權不負孤也」，不以叛逃之罪，收治黃權家屬。再者，《三國志》注中，「臣松之以為」共有九十七條，乃裴松之「頗以愚意有所論辯」，[96]其中多有仁義治世之道與王霸觀等經世致用的內容。但《群書治要》僅採擷一條，便是於此收錄：

---

92 〔唐〕魏徵、褚遂良、虞世南等編注：《群書治要》，卷27，頁340。

93 〔晉〕陳壽著，〔南朝宋〕裴松之注：《三國志》，卷43，頁1043。

94 〔晉〕陳壽著，〔南朝宋〕裴松之注：《三國志》，卷43，頁1044。

95 〔唐〕魏徵、褚遂良、虞世南等編注：《群書治要》，卷27，頁341-342。

96 〔南朝宋〕裴松之：〈上《三國志注》表〉。參〔清〕嚴可均校輯：《全上古三代秦漢三國六朝文・全宋文》第3冊（北京：中華書局，1958年），卷17，頁2525。

臣松之以為，漢武用盧罔之言，滅李陵之家，劉主拒憲司所
執，宥黃權之室，二主得失，縣邈遠矣。[97]

裴松之藉由漢武帝與劉備的對比，凸顯了君主察納雅言、信任臣子的
應有態度。《群書治要》於此的採錄，用心自是可見。

《三國志》中，單獨成傳者，除帝王外，僅有諸葛亮與陸遜二
人。依陳壽的史書體例編排，可以推論其認為在歷史發展的進程中，
陸遜之於吳國，有若諸葛亮之於蜀國的重要性。〈陸遜傳〉約五千零
八字，而《群書治要》筆削為四百一十六字，也大抵符合《三國志》
的全書比例。可與之對照的則為〈陸凱傳〉，陸凱乃陸遜族子，孫皓
立為左丞相。[98]《三國志・陸凱傳》約四千一百二十二字，主要內容
為對孫皓的勸諫，《群書治要》大幅收錄，計有二千七百五十九字。
若就人物事蹟、歷史發展的重要性言之，陸遜自然比陸凱重要。但
《群書治要》的編纂者，魏徵等人所重視的，明顯不在於此，故《群
書治要》全文收錄陸凱勸諫孫皓的四篇表疏與臨終勸言。大意依序可
條理如下：

（一）孫皓徙都武昌，政事多謬，黎元窮匱，陸凱上疏為政之
　　　道。
（二）疾病彌留之際，孫皓遣中書令董朝問所欲言，陸凱陳言
　　　任賢臣、斥小人。
（三）陸凱諫孫皓疏，直言不遵先帝二十事。
（四）孫皓所行彌暴，陸凱上表勸諫宜克己復禮，述履前德。

---

97 〔唐〕魏徵、褚遂良、虞世南等編注：《群書治要》，卷27，頁342。
98 〔晉〕陳壽著，〔南朝宋〕裴松之注：《三國志》，卷61，頁1399-1400。

（五）孫皓始起宮，陸凱上表諫，不聽。重表勸諫宜當畜養，
廣力肆業，以備其虞。[99]

前兩條出於《三國志》正文，第四、第五條則出於裴松之注引《江表
傳》中。其中第三條陳壽認為「文殊甚切直，恐非皓之所能容忍
也」、「虛實難明，故不著于篇」，但「然愛其指擿皓事，足為後戒，
故鈔列于凱傳左云」。[100]而《群書治要》刪除陳壽「虛實難明」的歷
史真實性、「實錄」考辨，直接將是文剪裁入正文敘述之中，在在皆
可觀察到《群書治要》對於勸戒之文的重視。再舉兩段陸凱的勸諫之
文為例：

中常侍王蕃，黃中通理，處朝忠謇，斯社稷之重鎮，大吳之龍
逢也。而陛下忿其苦辭，惡其直對，梟之殿堂，屍骸暴棄，邦
內傷心，有識悲悼，咸以吳國夫差復存。先帝親賢，陛下反
之，是不遵先帝二也。
臣聞惡不可積，過不可長，是以古人懼不聞非，立敢諫之鼓，
武公九十，思聞警誡。臣察陛下無思警誡之義，而有積惡之
漸，臣深憂之。[101]

陸凱舉關龍逢直諫為夏桀所殺、堯立敢諫之鼓、衛武公九十五歲猶思
諫言等例子，向孫皓勸諫，要能親近賢臣、思聞警誡。
　　由上述例證可以發現，不論是臣子直言勸諫、或是君王察納雅
言，皆為《群書治要》所重視。對於勸戒之言的筆削棄採，甚至比歷

99　〔唐〕魏徵、褚遂良、虞世南等編注：《群書治要》，卷28，頁353-356。

100　〔晉〕陳壽著，〔南朝宋〕裴松之注：《三國志》，卷61，頁1404。

101　〔唐〕魏徵、褚遂良、虞世南等編注：《群書治要》，卷28，頁354-356。

史事件、人物事蹟更為優先。也不難聯想，領銜編纂《群書治要》的
魏徵亦以直言勸諫而聞名，進一步對照《舊唐書·魏徵傳》記載：

> 太宗新即位，勵精政道，數引徵入臥內，訪以得失。徵雅有經
> 國之才，性又抗直，無所屈撓，太宗與之言，未嘗不欣然納
> 受。徵亦喜逢知己之主，思竭其用，知無不言……徵再拜曰：
> 「願陛下使臣為良臣，勿使臣為忠臣。」帝曰：「忠、良有異
> 乎？」徵曰：「良臣，稷、契、咎陶是也。忠臣，龍逢、比干
> 是也。良臣使身獲美名，君受顯號，子孫傳世，福祿無疆。忠
> 臣身受誅夷，君陷大惡，家國並喪，空有其名。以此而言，相
> 去遠矣。」帝深納其言。[102]

唐太宗與魏徵之間的君臣相得，即為臣子抗顏直諫，君主察納雅言，
史官亦是大篇幅收錄魏徵勸諫之文，如知名的〈諫太宗十思疏〉等。
引文後段魏徵所論良臣、忠臣之別，更是直指唯有君王能虛心接受臣
子的諫言，方能使人臣身獲美名，人君身受顯號，「子孫傳世，福祿
無疆」。而「身受誅夷，君陷大惡」的忠臣，不就正是鮑勛嗎？林朝
成先生亦指出，「直言受諫」實為《群書治要》編纂的重要思想內
涵。[103]確實，若觀察〈群書治要序〉：

---

102 〔後晉〕劉昫等撰：《舊唐書》，卷71，頁2547。

103 林朝成先生認為《群書治要》有七大主題：為君難、為臣不易、君臣共生、直言
受諫、牧民、法制、戰兵。為君難、為臣不易、君臣共生、直言受諫屬於執政層
面（君臣）的認知與互動；牧民、法制、戰兵則為統治者與統治對象的法政課
題。參林朝成：〈《群書治要》與貞觀之治——從君臣互動談起〉，《成大中文學報》
第67期（2019年12月），頁101-142。

用之當今，足以鑒覽前古；傳之來葉，可以貽厥孫謀。引而申
之，觸類而長，蓋亦言之者無罪，聞之者足以戒。[104]

依「言之者無罪，聞之者足以戒」之言，《群書治要》的之成書，確
實是意在「主文而譎諫」了。

是以細細爬梳《群書治要》的筆削棄採，人臣的勸諫之文確實多
所引錄，今以人物為單位，將其有勸諫、進言者與受諫者，簡要整理
如下表：

人物	勸諫事件
〈魏志〉	
夏侯玄 司馬懿	司馬宣王問以時事，玄議以為：「夫官才用人，國之柄也。」
賈詡 曹操	是時，文帝為五官將，而臨淄侯植才名方盛，各有黨與，有奪宗之議。太祖嘗問詡，詡嘿然不對。太祖曰：「與卿言而不答何也。」詡曰：「屬適有所思，故不即對耳。」太祖曰：「何思。」詡曰：「思袁本初，劉景升父子。」太祖大笑，於是太子遂定。
王修 袁譚	譚欲攻弟尚。修諫曰：「夫兄弟者，左右手也。」
邴原 曹操	時太祖愛子倉舒亦沒，太祖欲求合葬。原辭曰：「合葬非禮也。」
崔琰 曹丕	世子仍出田獵，變易服乘，志在驅逐。琰諫曰：「蓋聞盤於游田，《書》之所戒。」
鮑勛 曹丕	勛每陳今之所急……勛停車上疏曰……勛抗辭曰……勛面諫以為不可。

104 〔唐〕魏徵、褚遂良、虞世南等編注：《群書治要》，頁14。

人物	勸諫事件
王朗 曹丕	上疏勸育民省刑曰：「《易》稱赦法，《書》著祥刑，慎法獄之謂也。」時帝頗出游獵，或昏夜還宮。朗上疏曰：「夫帝王之居，外則飾周衛，內則重禁門。」
王肅 曹叡	上疏陳政本曰：「夫除無事之位，損不急之祿，止浮食之費，并從容之官。」
孫曉 曹芳	時校事放橫。曉上疏曰：「《周禮》云：『設官分職，以為民極。』」
蘇則 曹丕	文帝問則曰：「……燉煌獻徑寸之珠，可復求市益得不？」對曰：「若陛下化洽中國，德流沙漠，即不求自至。」
杜恕 曹叡	時又大議考課之制，以考內外眾官。恕上疏曰：「《書》稱明試以功。」樂安廉昭以才能拔擢，頗好言事。恕上疏極諫曰……。
衛覬 曹叡	明帝即位，百姓凋匱，而役務方殷。覬上疏曰……。
陳群 曹叡	青龍中，營治宮室，百姓失農時。群上疏曰……。
盧毓 曹叡	侍中高堂隆數以宮室事切諫，帝不悅。毓進曰：「臣聞君明則臣直。」
和洽 曹操	後有白毛玠謗毀太祖，太祖見近臣怒甚……洽對曰：「……言事者，加誣大臣，以誤主聽，二者不加檢覈，臣竊不安。」
杜襲 曹操	群臣多諫，可招懷攸，共討強敵，太祖橫刀於膝，作色不聽，襲入欲諫。
高柔 曹丕	時民間數有誹謗妖言，帝疾之，有妖言，輒殺而賞告者。柔上疏曰……。
辛毗 曹丕	「……臣所云非私也，乃社稷之慮，安得怒臣。」帝不答，起入內。毗隨而引其裾，帝遂奮衣不還，良久乃出……嘗從帝射雉。帝曰：「射雉樂哉。」毗曰：「於陛下甚樂，於群下甚苦。」帝默然，後遂為之希出。

人物	勸諫事件
楊阜 曹叡	時初治宮室，發美女充後庭，數出入弋獵。阜上疏曰……。
高堂隆 曹叡	青龍中，大治殿舍，西取長安大鐘。隆上疏曰……。
〈蜀志〉	
簡雍 劉備	時天旱禁酒，釀者有刑……雍從先主游觀，見一男子行道。謂先主曰：「彼人欲行淫，何以不縛。」先主曰：「卿何以知之。」雍對曰：「彼有淫具，與欲釀者同。」先主大笑，而原欲釀者。
黃權 劉備	時別駕張松建議，宜迎先主，使伐張魯。權諫曰……。先主將東伐吳。權諫曰：「吳人捍戰。」
〈吳志〉	
張昭 孫權	每朝見言論，辭氣壯厲，義形於色，曾以直言逆旨，中不進見。
顧譚 孫權	是時魯王霸有盛寵，與太子和齊衡。譚上疏曰：「臣聞有國有家者，必明嫡庶之端。」
步騭 孫權	中書呂壹典校文書，多所糾舉。騭上疏曰……。
張紘 孫權	臨困留牋曰：「自古有國有家者，咸欲修德政以比隆盛世。」
駱統 孫權	是時徵役繁數，重以疫癘，民戶損耗。統上疏曰……。
陸遜 孫權	遜雖身在外，乃心於國。上疏陳時事曰……。
陸抗 孫皓	時何定弄權，閹官與政。抗上疏曰……。聞薛瑩徵下獄。抗上疏曰……。
陸凱 孫皓	時徙都武昌，揚土百姓，泝流供給，以為患苦，又政事多謬，黎元窮匱。凱上疏曰……。時殿上列將何定佞巧便僻，貴幸任事。凱面

人物	勸諫事件
	責定曰……。疾病，皓遣中書令董朝問所欲言……是不遵先帝二十也。若臣言可錄，藏之盟府，如其虛妄，治臣之罪，願陛下留意。《江表傳》曰：皓所行彌暴，凱知其將亡。上表曰……。初皓始起宮，凱上表諫，不聽。凱重表曰……。
賀邵 孫皓	皓凶暴驕矜，政事日弊。邵上疏諫曰……。
韋昭 蔡穎	時蔡穎亦在東宮，性好博奕，太子和以為無益，命曜論之。其辭曰……。
華覈 孫皓	孫皓更營新宮，制度弘廣，飾以珠玉，所費甚多，時盛夏興功，農守并廢。覈上疏諫曰……。

以人物為單位，《群書治要》約選《三國志》八十餘人，有勸諫之言者，即佔三十三人，為總數的四成左右，其比重可見一斑。再者，也可由表中整理觀察到一些現象，《群書治要》所選，〈蜀志〉最少，僅兩則。一方面因其篇幅本就較短，但二來也是後期主政者為諸葛亮，所收內容較多為「政通人和」的記載。所收兩段勸諫，對象也都是劉備。〈吳志〉有十一則，但考諸史實，多為無效進言，實也側面反映了吳國後期的政治混亂。〈魏志〉收錄最多，大抵呈現曹操較願意廣納建言，而曹丕則否。在歷史事實的客觀呈現之外，史臣在編纂《群書治要》之時，便隱隱然將治亂之道，與人君是否廣納建言兩件事，互為表裡，歸於一揆了。《三國志》之為史書，自然多所載記人物的生平事蹟，但《群書治要》的用心顯然不在於此，而是聚焦於其預設讀者——唐太宗，所需要的「本求治要」之道。是以魏徵等人，大量選錄其認為有益治道的勸諫之文，望「聞之者足以戒」。

可再進一步觀察者，則為陳壽的史臣「評曰」。陳壽《三國志》一向以簡潔著稱，但每卷卷末仍都有扼要的「評曰」。但《群書治

要》僅收錄三條，乍看之下並不多，但實際上前四史中，《史記》也僅採四條、《漢書》兩條，相較之下當是相對正常。而《後漢書》採錄十條，確實較多。然范曄自言「贊自是吾文之傑思，殆無一字空設，奇變不窮，同合異體，乃自不知所以稱之。」[105]《後漢書》本就是以議論見長，[106]採錄較多或許也有其道理。而《群書治要》所取陳壽「評曰」，分別為〈武文世王公傳〉、〈先主傳〉、〈諸葛亮傳〉。

先論〈先主傳〉與〈諸葛亮傳〉之評，《群書治要》節選如下：

> 評曰：先主之弘毅寬厚，知人待士，蓋有高祖之風，英雄之器焉。及其舉國托孤於諸葛亮，而心神無二，誠君臣之至公，古今之盛軌也。
> 評曰：諸葛亮之為相國也，撫百姓、示義軌、約官職、從權制、開誠心、布公道；盡忠益時者雖讎必賞，犯法怠慢者雖親必罰，服罪輸情者雖重必釋，游辭巧飾者雖輕必戮；善無微而不賞，惡無纖而不貶；庶事精練，物理其本，循名責實，虛偽不齒；終於邦域之內，咸畏而愛之，刑政雖峻而無怨者，以其用心平而勸戒明也。可謂識治之良才，管、蕭之亞匹矣。[107]

劉備與諸葛亮的君臣相得、魚水相知，[108]可說是「中國文人永恆追求的君臣神話」。[109]是以也不難理解，魏徵等人對此兩段評語的選錄。

105　〔南朝梁〕沈約：《宋書‧范曄傳》（北京：中華書局，1997年），卷69，頁1831。

106　鍾林：〈范曄的愛恨識斷與《後漢書》論贊〉，《范曄之人格與風格》，頁117-178。

107　〔唐〕魏徵、褚遂良、虞世南等編注：《群書治要》，卷27，頁338、339。

108　「孤之有孔明，猶魚之有水也。」參〔晉〕陳壽著，〔南朝宋〕裴松之注：《三國志》，卷35，頁913。

109　參王師文進：〈習鑿齒與諸葛亮神話之締造〉，《裴松之《三國志注》新論──三國史的解構與重建》（臺北：新文豐出版公司，2017年），頁21-76

於君道要「弘毅寬厚，知人待士」、「舉國托孤於諸葛亮，而心神無
二」、「誠君臣之至公，古今之盛軌也」。對諸葛亮之評，更是句句珠
璣，由開始的「撫百姓、示義軌、約官職、從權制、開誠心、布公
道」，一直到最末的「庶事精練，物理其本，循名責實，虛偽不齒」，
皆是為臣之道所當重者。而陳壽「評曰」所言的「勸戒明也」者，確
確實實就是《群書治要》以人君──唐太宗為預設讀者，所筆削取
義、棄華採實的成書要旨。

　　貞觀之治很大程度是建立在唐太宗與魏徵等人的君臣相得之上，
如宋代名臣包拯嘗論道：

> 臣聞唐太宗英明好諫之主也，魏元成忠直無隱之臣也，故君臣
> 道合，千載一時，事無不言，言無不納……是致貞觀之風，與
> 三代比盛，垂三百年抑有繇矣。[110]

具體指出唐太宗與魏徵，之所以能成就「與三代比盛」的貞觀之治，
即在於君主「英明好諫、言無不納」，臣子「忠直無隱、事無不言」，
進而成其勸戒之效的君臣相處之道。是以《群書治要》選錄〈先主傳〉
與〈諸葛亮傳〉的陳壽評曰，也當放在同一個脈絡下觀察，劉備與諸
葛亮的君臣相處模式，同為魏徵等人所看重，而加以選錄、保留。

　　再論〈武文世王公傳〉之評：

> 評曰：魏氏王公，徒有國土之名，而無社稷之實。又禁防擁
> 隔，同於囹圄，位號靡定，大小歲易。骨肉之恩乖，棠棣之義

---

110 〔明〕黃淮、楊士奇等編：《歷代名臣奏議》，卷202，頁50。收入〔清〕紀昀等
　　纂：《文淵閣四庫全書》。

廢，為法之弊，一至於此乎。[111]

此處頗堪玩味。《群書治要》選錄陳思王植、中山恭王袞兩傳，且篇幅相加達五千字之譜。而此兩人的共同特點皆是受其兄弟曹丕之猜忌，於〈陳思王植傳〉再選錄〈求存問親戚疏〉（〈求通親親表〉）、〈陳審舉表〉，都是在談骨肉疏親，欲求用事。曹袞與曹植相反，「修身自守」、「戒慎敬慎」，[112]不欲出頭，但仍「來朝，犯京都禁」，[113]為有司所奏，終至憂懼疾困而薨。〈中山恭王袞傳〉則選錄曹冏的〈六代論〉，此文以夏、商、周、秦、漢、魏六代為據，析論優劣，暢論「臣聞公族者，國之枝葉」，認為曹魏政策有失：「宗室子弟，曾無一人間廁其間，非所以強幹弱枝，備萬一之虞也。」[114]若以歷史的後見之明論斷，曹魏確實是亡於少主幼弱、權臣把持，而又無宗親輔佐。確實，唐太宗登大寶的關鍵，正是屠戮兄弟的玄武門之變。[115]故《群書治要》所引陳壽「骨肉之恩乖，棠棣之義廢」之史評，是否也是「言之者無罪，聞之者足以戒」？加之唐太宗晚年亦遭遇子嗣奪嫡、互起干戈之事。[116]然《群書治要》成書之時（貞觀五年，西元631年），太子李承乾時年十三。於其時衝突尚未劇烈，是以也未能確定史臣於此是否為一葉知秋、有所指涉。相關議題確實還有研究開展的

---

111 〔唐〕魏徵、褚遂良、虞世南等編注：《群書治要》，卷26，頁324-325。

112 〔晉〕陳壽著，〔南朝宋〕裴松之注：《三國志》，卷20，頁583。

113 〔晉〕陳壽著，〔南朝宋〕裴松之注：《三國志》，卷20，頁583。

114 〔唐〕魏徵、褚遂良、虞世南等編注：《群書治要》，卷26，頁325-326。

115 相關討論可參李樹桐：《唐史考辨·玄武門之變及其對政治的影響》（臺北：臺灣中華書局，1972年），頁153-191。傅樂成：《漢唐史論集·玄武門事變之醞釀》（臺北：聯經事業出版公司，2006年）頁143-154。葛劍雄、周筱贇：《歷史學是什麼？》（北京：北京大學出版社，2002年），頁192-205。

116 〈高宗紀〉：「十七年，皇太子承乾廢，魏王泰亦以罪黜。」參〔後晉〕劉昫等撰：《舊唐書》，卷4，頁65。

空間，《群書治要》此處之筆削取義，似乎饒富意味，有其「《春秋》書法」。然若要討論勢必得擴大文本範圍，於此不免歧出，相關問題或可再另文研究。

四　結論

西晉范頵〈上《三國志》表〉：

> 梁州大中正、尚書郎范頵等上表曰：「昔漢武帝詔曰：『司馬相如病甚，可遣悉取其書。』使者得其遺書，言封禪事，天子異焉。臣等案：故治書侍御史陳壽作《三國志》，辭多勸誡，明乎得失，有益風化，雖文艷不若相如，而質直過之，願垂採錄。」[117]

陳壽《三國志》者，本就「辭多勸誡，明乎得失，有益風化」。而魏徵等人所編之《群書治要》，則以其思想內涵、時代課題，對《三國志》加以筆削取義，棄採予奪，並進而呈現出編纂者本身的選材眼光與史家心識。

經本章考論後，認為陳壽身處西晉同日斬戮，名士減半的無道亂世，切當世之文而罔褒，多所忌諱。故其著史行文，多有微婉顯晦的「《春秋》書法」，而成其一家之言。其風格特色，可高度概括為「畏懼之史」。而《群書治要》編纂之時，雖是各全舊體，但在筆削棄採的過程，雖非刻意，卻也連帶消融、解構了陳壽《三國志》「畏懼之史」的幽微內涵。

117　〔唐〕房玄齡等著：《晉書》，卷82，頁2138。

　　進一步的建構，則是在本求治要的原則之下，大量選錄有益治道的勸諫之文，望言之者無罪，聞之者足以戒。對於勸戒之言的筆削棄採，甚至比歷史事件、人物事蹟更為優先，此也符合當前學界對於《群書治要》的整體研究成果。若以所選錄《三國志》之人物，其中有勸諫之事蹟者加以統計，則其人數約莫達四成之譜，且隱然將治亂之道，與人君是否廣納建言，歸於一揆。也特別重視劉備與諸葛亮間的魚水相知、君臣相得，且對陳思王植、中山恭王袞二人文字的選錄，取其「骨肉之恩乖，棠棣之義廢」之義，當也有其勸諫當世的意圖。相關論據的爬梳，在在顯示出其取義之關鍵，乃君主的英明好諫、言無不納，臣子的忠直無隱、事無不言，最後總其勸戒之功，為貞觀之治、大唐盛世的治道之鑰。

第三章
懲惡勸善
——《三國志》的微婉顯晦與《史通》的善惡必書*

一　前言

　　劉知幾字子玄，生於唐高宗龍朔元年（西元661年），卒於玄宗開元九年（西元721年），兼修國史二十餘年，[1]以《史通》名世。[2]劉知幾出身士族，自幼以經史為家學庭訓，《新唐書》本傳載：

> 年十二，父藏器為授《古文尚書》，業不進，父怒，楚督之。及聞為諸兄講《春秋左氏》，冒往聽，退輒辨析所疑，嘆曰：「書如是，兒何怠！」父奇其意，許授《左氏》。逾年，遂通覽群史。[3]

劉知幾年方十二便受學《尚書》，然因「苦其辭艱瑣，難為諷讀」，[4]

---

* 本章為科技部計畫部分執行成果，於此謹致謝忱。一○九年度科技部專題研究計畫，「劉知幾《史通》「《春秋》書法」觀析論——以《三國志》為問題進路」，計畫編號：MOST 109-2410-H-031-068-，執行期間：109/11/01-110/10/31。

1　本傳外，劉知幾生平可參許凌雲：《劉知幾評傳》（南京：南京大學出版社，2011年），頁3-88。

2　《新唐書》載其撰著原因乃：「子玄脩《武后實錄》，有所改正，而武三思等不聽。自以為見用於時而志不遂，乃著《史通》內外四十九篇，譏評今古。」參〔北宋〕歐陽修等著：《新唐書》（北京：中華書局，1997年），卷132，頁4521。

3　〔北宋〕歐陽修等著：《新唐書》，卷132，頁4519。

4　〔唐〕劉知幾著，〔清〕浦起龍釋，白玉崢校點：《史通通釋》（臺北：藝文印書

即便其父督促甚切，仍是無功。然一聽《左傳》，便為之神往、契合，於後更是「通覽群史」，「讀《史》、《漢》、《三國志》」、「知古今沿革，歷數相承」。[5]而劉知幾對《左傳》的喜愛乃至推崇，於《史通》一書中，也是斑斑可考，甚有〈申左〉一篇，亟言其長。《左傳》對劉知幾的影響誠可謂十分深遠，劉知幾《史通》中的諸多批評，其作為對照的模範、標準，往往就是《左傳》，劉知幾對《春秋》學當是有所涉略。

陳壽以《三國志》名世，初應州命為衛將軍姜維主簿，後歷任東觀祕書郎、散騎黃門侍郎等職，入晉後受羅憲、張華等人賞識，舉孝廉，除著作郎，領本郡中正，然仕途不順，期間甚至廢辱近十年，一如第二章所引《華陽國志・陳壽傳》所載：「位望不充其才，當時冤之」。[6]而以同書稱陳壽「治《尚書》、三《傳》，銳精《史》、《漢》」[7]的記載推論，也可以知道陳壽有《春秋》經學的背景與素養。

劉知幾《史通》乃中國第一本歷史批評專書，向為學界所重，各方研究亦是汗牛充棟。[8]陳壽《三國志》名列傳統史學著作冠冕之「四史」，其重要性也是不言可喻。劉知幾於《史通》中對《三國

館，1978年），卷10，〈自敘〉，頁261。此書底本當為同年上海古籍出版社出版，王煦華先生整理之版本，題名校點者為白玉崢，或也有其時代背景。本章徵引時仍依其舊名，唯於此解釋原委。

5 〔唐〕劉知幾著，〔清〕浦起龍釋，白玉崢校點：《史通通釋》，卷10，〈自敘〉，頁262。

6 〔晉〕常璩著，任乃強校注：《華陽國志校補圖注》（上海：上海古籍出版社，2011年），卷11，頁634。

7 〔晉〕常璩著，任乃強校注：《華陽國志校補圖注》，卷11，頁634。

8 《史通》研究整體性回顧，可參李紀祥：〈臺灣地區《史通》研究之回顧（1949-1994）〉，《國立編譯館館刊》第25卷第1期（1996年6月），頁101-134。劉海波：〈近十年來《史通》研究的回顧與前瞻〉，《中國史研究動態》第6期（2012年12月），頁56-60。代繼華：〈《史通》研究五十年〉，《中國史研究動態》，第1期（2000年2月），頁6-14。

志》多有批評，其中學界較為關注的議題乃「索米立傳」與「厚誣諸葛」二事，歷來學者多有討論與辯駁。[9]而對於「《史通》中對《三國志》之批評」此一主題，近人研究中，吳金華先生〈《三國志》發微〉[10]也有所討論，其中第三節論「《史通》之論往往不切實際」，舉索米立傳與《魏書》該不該補〈張仲景傳〉二事為例，有較深入的討論。[11]大體而言，目前學界對於劉知幾批評《三國志》的討論，主要成果集中在此兩條上，而結論多是不同意劉知幾的判斷。而本章於後則會以「史識」的角度切入，提出不同角度的觀察。

　　總的來說，劉知幾對於陳壽的評論，約莫可輯得三十條，目前學界的討論確實不夠全面，且相關論述也可再行深入。故第二節以「正統與史識：《史通》對《三國志》批評的再商榷」，析論《史通》對於《三國志》的批評，也進一步推證劉知幾的判斷原因，再次商榷現有的研究成果。再者，第三節「直書與晦筆：《春秋》書法的兩種面向」以《春秋》書法為觀察視角，認為陳壽《三國志》乃是以「微婉顯晦」的《春秋》書法加以載記，有其「微言大義」。而劉知幾《史通》所持的《春秋》書法觀，則是以「秉筆直書」為尚，強調「善惡必書」。而兩人觀念間的落差，便反映到《史通》對於《三國志》的批評之上，以下次第析論之。

9　多見於《三國志》補注或三國研究專書，為避免重文，相關研究參本章第二節。

10　吳金華：〈《三國志》發微〉，收入華學誠主編：《文獻語言學（第四輯）》（北京：中華書局，2017年），頁178-198。

11　而後也有兩本碩士論文論及相關議題，唯研究範圍仍是較大，且操作方式相對平面，述多而論少，故參考性較低，但仍有前導之功。參張杰：《〈史通〉之「前四史」批評》（武漢：華中師範大學中國史研究所碩士論文，2017年）。葛軍：《劉知幾關於三國史學論斷之研究》（石家莊：河北師範大學中國歷史研究所碩士論文，2013年）。

二　正統與史識：《史通》對《三國志》批評的再商榷

劉知幾於〈自敘〉中言《史通》之為書，乃「傷當時載筆之士，其義不純，思欲辨其指歸，殫其體統」，[12]欲辨清史書編撰的目的宗旨，窮盡體裁綱統，[13]是以《史通》有系統的討論史體（史書體例）與史法（編撰方法）。劉知幾對於《三國志》的批評，也多緣此而發，如〈列傳〉：

> 范曄《漢書》記后妃、六宮，其實傳也，而謂之為紀。陳壽《國志》載孫、劉二帝，其實紀也，而呼之曰傳。考數家之所作，其未達紀傳之情乎？[14]

劉知幾認為范曄《後漢書》將皇后列入本紀，乃有失史體，當謂之傳。而陳壽《三國志》的〈先主傳〉、〈吳主傳〉，內文分明繫年編排，實為本紀之體，卻呼之曰傳，這也是未能通達紀傳之情。劉氏所言固然有理，然此正也是陳壽苦心孤詣之處。晉承魏統，陳壽於《三國志》之撰著，仍是以魏為正統，故名之以〈武帝紀〉、〈文帝紀〉云云。然其想留存三國分立之實，故以傳為目，以紀為實。劉知幾於〈稱謂〉又云：

> 古者，二國爭盟，晉、楚並稱侯伯；七雄力戰，齊、秦俱曰帝王。其間，雖勝負有殊，大小不類，未聞勢窮者即為匹庶，力屈者乃成寇賊也。至於近古則不然。當漢氏云亡，天下鼎峙，

12　〔唐〕劉知幾著，〔清〕浦起龍釋，白玉崢校點：《史通通釋》，卷10，頁265。

13　可參林時民：《劉知幾史學論稿》（臺北：臺灣學生書局，2015年），頁123-155。

14　〔唐〕劉知幾著，〔清〕浦起龍釋，白玉崢校點：《史通通釋》，卷2，頁44。

論王道則曹逆而劉順，語國祚則魏促而吳長。但以地處函夏，人傳正朔，度長絜短，魏實居多二，方之於上國，亦猶秦繆、楚莊與文、襄而並霸。逮作者之書事也，乃沒吳、蜀號謚，呼權、備姓名，方於魏邦，懸隔頓爾，懲惡勸善，其義安歸？[15]

此處討論十分細緻，劉知幾此論之主軸為「未聞勢窮者即為匹庶，力屈者乃成寇賊也」，即不以成敗論英雄。故暢言以王道論，劉漢政權居理；以國祚長短論，則孫吳於三國政權中實則最長；曹魏則是「地處函夏，人傳正朔」，處中原故地，並承漢啟晉。故相互比較之下，曹魏多有理一些：「度長絜短，魏實居多」，是則可以其為正統。然劉氏再以春秋戰國為例，認為應當並稱霸主，故地處中原的曹魏如晉文公、宋襄公，於西蜀的劉漢則為秦繆公，南方的孫吳可比楚莊王。而於史傳中，對於諸位霸主載記皆以謚號，故《三國志》中對於蜀、吳之主的稱謂，也當比照辦理，不該直呼姓名才是。文末甚至認為陳壽如此記載，有失《春秋》懲惡勸善之義。

除傳紀與否、稱謂之別，於《蜀書》的編次上，劉知幾也有所不滿，〈編次〉：

蓋逐兔爭捷，瞻烏靡定，群雄僭盜，為我駈除。是以史傳所分，真偽有別；陳勝、項籍見編於高祖之後，隗囂、孫述不列於光武之前。而陳壽《蜀書》，首標二牧，次列先主，以繼焉、璋。豈以蜀是偽朝，遂乃不遵恆例。但鵬、鷃一也，何大小之異哉？[16]

15 〔唐〕劉知幾著，〔清〕浦起龍釋，白玉崢校點：《史通通釋》，卷4，頁99。
16 〔唐〕劉知幾著，〔清〕浦起龍釋，白玉崢校點：《史通通釋》，卷4，頁95-96。

劉知幾舉例，雖陳勝、項籍同與劉邦爭捷於天下，但最後既已為劉邦
所驅除，是以「群雄僭盜、真偽有別」，史書編次自當列於高祖之
後。又如後漢光武帝既已龍興，則同為新朝末年割據天下的隗囂、公
孫述等地方勢力，也理當置於光武之後。考之《漢書》、《後漢書》，
編次的先後順序誠如劉氏所言。[17]是則劉知幾以此準繩《蜀書》，認為
陳壽先列〈劉二牧傳〉，再列〈先主傳〉，有失史書體例。並下判斷，
認為原因乃是陳壽以「蜀是偽朝」，「遂乃不遵恆例」。最後甚以《莊
子‧逍遙遊》小大之辯[18]為典故，暢言「鵬、鷃一也」，不當有「大小
之異」，意即〈先主傳〉當置於〈劉二牧傳〉之前方為合理。

　　《蜀書》此處的編次問題，學界多有討論，[19]其中詮釋效力較高
者，或為以地方意識[20]之說切入。陳壽身為蜀人，自有故國之思，此
一對蜀地的故國思念，甚或大於對於劉氏王朝的忠誠度。實則劉備政
權於蜀地，內部紛爭不斷，甚而有意識地打壓蜀人。[21]陳壽的老師譙
周即為蜀人，譙周除勸後主投降、保護蜀地黎民免於兵燹。其〈仇國
論〉也明顯具有保全蜀地的傾向與意識。[22]陳壽編寫〈譙周傳〉時，

17　《史記》編次，項羽則在劉邦之前。

18　〔清〕郭慶藩撰，王孝魚點校：《莊子集釋》（北京：中華書局，2012年），卷1上，
　　頁17-19。

19　盧弼《三國志集解》微引諸家正反論述，可參。參盧弼：《三國志集解》（臺北：漢
　　京文化，2004年），卷31，頁741。

20　可參業師王文進先生近年之研究成果，其以地方意識為進路，重構三國研究。參王
　　文進：《裴松之《三國志注》析論──三國史的解構與重建》（臺北：新文豐出版
　　社，2017年）。

21　詳參田餘慶：《秦漢魏晉史探微》（北京：中華書局，2006年），〈李嚴興廢與諸葛用
　　人〉，頁190-207。

22　「故周文養民，以少取多，勾踐卹眾，以弱斃彊，此其術也」、「射幸數跌，不如審
　　發」、「湯、武之師不再戰而克，誠重民勞而度時審也。如遂極武黷征，土崩勢生，
　　不幸遇難，雖有智者將不能謀之矣」。參〔晉〕陳壽著，〔南朝宋〕裴松之注：《三
　　國志》（北京：中華書局，2003年），卷42，頁1029。

更盛讚曰：「劉氏無虞，一邦蒙賴，周之謀也。」[23]由這些線索推論，不難發現陳壽或許同將劉備、劉焉、劉璋視為蜀地的外來者、過客。是以在編次時，將〈劉二牧傳〉置於〈後主傳〉前。以劉備政權言，此一編次誠然非類；然若以蜀地為主體性的角度觀察，這樣的編排順序，就有其道理了。

再進一步觀察劉知幾〈探賾〉所論：

> 隋內史李德林著論，稱陳壽蜀人，其撰《國志》，黨蜀而抑魏。刊之國史，以為格言。案：曹公之創王業也，賊殺母后，幽逼主上，罪百田常，禍千王莽；文帝臨戎不武，為國好奢，忍害賢良，踈忌骨肉，而壽評皆依違其事，無所措言。劉主地居漢宗，仗順而起，夷險不撓，終始無瑕，方諸帝王，可比少康、光武。譬以侯伯，宜軰秦繆、楚莊，而壽評抑其所長，攻其所短。是則以魏為正朔之國，典午攸承；蜀乃僭偽之君，中朝所嫉；故曲稱曹美，而虛說劉非；安有背曹而向劉，踈魏而親蜀也？夫無其文而有其說，不亦憑虛亡是者耶？習鑿齒之撰《漢晉春秋》，以魏為偽國者，此蓋定邪正之途，明順逆之理耳。[24]

《隋書》李德林本傳載，魏收與陽休之爭論《齊書》起元，因北齊乃東魏權臣高歡之子高洋篡位而來，故對於起元繫於何時有所爭論，此事涉及對於政權正當性的建構。[25]魏收認為當以高歡「平四胡之歲為

23　〔晉〕陳壽著，〔南朝宋〕裴松之注：《三國志》，卷42，頁1031。

24　〔唐〕劉知幾著，〔清〕浦起龍釋，白玉崢校點：《史通通釋》，卷7，頁195-196。案，此段引文較長，然因事涉關鍵，故不分述。

25　詳參胡勝源：〈「齊元」之爭與「高祖」更易——高歡、高洋歷史地位的改換〉，《漢學研究》，第38卷第2期，（2020年6月），頁91-132。《晉書》編纂時，亦有相同的情

齊元」，陽休之反對，認為該繫在齊文宣帝高洋天保元年。[26]魏收無以回應，故求教李德林。李德林立場與魏收相同：「周公攝政，孔子曰『周公相成王』；魏武相漢，曹植曰『如虞翼唐』。」[27]認為高歡有若周公、曹操，故可將齊元定在高歡「平四胡之歲」。並又云：「漢獻帝死，劉備自尊崇。陳壽，蜀人，以魏為漢賊。寧肯蜀主未立，已云魏武受命乎？」[28]此段是以陳壽為論敵，認為陳壽是以魏為漢賊的立場，方不肯言魏武帝曹操受命。

回到引文，劉知幾言李德林稱陳壽「黨蜀而抑魏」。然劉氏反對此說，認為陳壽沒有「黨蜀而抑魏」。第一，認為曹操賊殺伏皇后，並幽禁、逼迫漢獻帝，較之田氏篡齊、王莽篡漢更加罪大惡極，且考諸史傳，曹丕也有甚多的負面事蹟。然陳壽於〈武帝紀〉、〈文帝紀〉中，皆「依違其事，無所措言」，沒有批評。第二，認為劉備門第乃漢胄末裔，且無人格大錯，「終始無瑕」，可比之少康、光武等中興之主，比之侯伯，至少也是秦繆公、楚莊王之儔。然陳壽〈先主傳〉末評卻是「抑其所長，攻其所短」，多所批評。綜此二者，劉知幾推論，認為陳壽乃因晉承魏統，「故曲稱曹美，而虛說劉非」。也因如此，劉氏反對李德林「陳壽黨蜀抑魏」之說。而後再引習鑿齒《漢晉春秋》，認為以劉漢為正統、曹魏為僭偽，方是「定邪正之途，明順逆之理」。不難發現，劉知幾於〈列傳〉、〈稱謂〉、〈編次〉諸篇對於陳壽的批評，實則也可以與〈探賾〉篇歸結到同一個問題核心，亦即劉漢與曹魏誰為正統、誰為僭偽，此一「正統論」的問題上。

況，可參謝明憲：〈「泰始為斷」的歷史書寫：《晉書》限斷的難題與陸機的新義〉，《臺大中文學報》第49期（2015年6月），頁99-128。

26 〔唐〕李百藥：《北齊書》（北京：中華書局，2008年），頁563。

27 〔唐〕魏徵等著：《隋書》（北京：中華書局，1997年），卷42，頁1196。

28 〔唐〕魏徵等著：《隋書》，卷42，頁1196。

正統論者，饒宗頤先生論曰：

> 治史之務，原本《春秋》，以事繫年，主賓昕分，而正閏之論
> 遂起。歐公謂：「正統之說始於《春秋》之作」是矣。正統之
> 確定，為編年之先務，故正統之義，與編年之書，息息相關，
> 其故即在此也。[29]

一如《春秋》以魯十二公紀年述事，當在編纂史書之時，先務乃以事
繫年。然所繫年號該當為何，便有主賓之別、正閏之分了，是以歐陽
修力主「正統之說始於《春秋》之作」，其〈正統論〉：

> 《傳》曰「君子大居正」，又曰「王者大一統」。正者，所以正
> 天下之不正也；統者，所以合天下之不一也。由不正與不一，
> 然後正統之論作。[30]

《公羊傳》隱公三年：「故君子大居正。」[31]《公羊傳》隱公元年：
「何言乎王正月？大一統也。」[32]歐陽修將正統之名繫於《春秋》，亦
以《春秋》大義建構其對於正統論的理解，在在皆能看出兩者交涉頗
深。而三國乃是在秦漢一統後，首次面對「分裂」此一課題，是以後
世對正統論的相關討論，不免皆會聚焦在三國時代之上，也漸由公羊

---

29 饒宗頤：《中國史學上之正統論》（北京：中華書局，2015年），頁1。

30 〔北宋〕歐陽修著，李逸安點校：《歐陽修全集》（北京：中華書局，2001年），卷16，頁275。

31 〔東漢〕何休注，〔唐〕徐彥疏：《春秋公羊傳注疏》，收入〔清〕阮元校刻：《重栞宋本十三經注疏》（臺北：藝文印書公司，2011年），卷2，頁29-1。

32 〔東漢〕何休注，〔唐〕徐彥疏：《春秋公羊傳注疏》，收入〔清〕阮元校刻：《重栞宋本十三經注疏》，卷1，頁9-2。

《春秋》垂直的時間之義，轉為三國水平的空間之論。[33]《三國志》
就體例言僅《魏書》有紀，故陳壽當是以曹魏為正統，而習鑿齒乃是
第一個提出以蜀漢為正統的史家，《晉書·習鑿齒傳》：

> 是時溫覬覦非望，鑿齒在郡，著《漢晉春秋》以裁正之。起漢
> 光武，終於晉愍帝。於三國之時，蜀以宗室為正，魏武雖受漢
> 禪晉，尚為篡逆，至文帝平蜀，乃為漢亡而晉始興焉。引世祖
> 諱炎興而為禪受，明天心不可以勢力強也。[34]

值得注意的是，由《晉書》本傳的記載言，習鑿齒以蜀漢為正統，乃
是為了「裁正」桓溫「覬覦非望」，實則是以三國歷史為例，警告桓
溫「魏武雖受漢禪晉，尚為篡逆」。等於是對三國正統的討論，其實
是具有當代性目的，或必然受當代環境影響的。《四庫全書》《三國
志》提要：

> 其書以魏為正統，至習鑿齒作《漢晉春秋》，始立異議。自朱
> 子以來，無不是鑿齒而非壽。然以理而論，壽之謬萬萬無辭。
> 以勢而論，則鑿齒帝漢順而易，壽欲帝漢逆而難。蓋鑿齒時晉
> 已南渡，其事有類乎蜀，為偏安者爭正統，此孚於當代之論者
> 也。壽則身為晉武之臣，而晉武承魏之統，偽魏是偽晉矣，其
> 能行於當代哉？此猶宋太祖篡立近於魏，而北漢、南唐跡近於

---

33 正統論相關研究可參趙令揚：《關於歷代正統問題之爭論》（香港：學津出版社，
  1976年）。甘懷真編：《東亞歷史上的天下與中國概念》（臺北：國立臺灣大學出版中
  心，2007年）。葛劍雄：《統一與分裂：中國歷史的啟示》（北京：中華書局，2008
  年）。許倬雲：《我者與他者：中國歷史上的內外分際》（臺北：時報文化出版社，
  2009年）。

34 〔唐〕房玄齡等著：《晉書》（北京：中華書局，2003年），卷82，頁2152-2154。

蜀，故北宋諸儒皆有所避而不偽魏。高宗以後偏安江左近於蜀，而中原魏地全入於金，故南宋諸儒乃紛紛起而帝蜀。此皆當論其世，未可以一格繩也。[35]

四庫館臣所論甚明，也不僅是習鑿齒，後世史家對三國正統論的討論，往往都是借他人酒杯，澆自身塊壘。是將當代的政治環境與問題，投射到三國時期，欲藉由建構三國的正統，來強化自身立場。故如「宋太祖篡立近於魏，而北漢、南唐跡近於蜀」，是以北宋諸人皆以曹魏為正統；可一旦「高宗以後偏安江左近於蜀，而中原魏地全入於金」，則南宋史家便以蜀漢為正統。以司馬光《資治通鑑》與朱熹《資治通鑑綱目》為例，便能見其端倪。

值此，可知在三國正統論此一議題上，第一，劉氏認為晉朝承魏之正朔，陳壽因晉臣之故，乃以曹魏為正統，甚而有「曲稱曹美、虛說劉非」的情形。第二，度長絜短[36]、相較而言，即便於公、於史書體例，曹魏是正統；然於私、於人格行事，劉知幾是較認可蜀漢正統。劉備除了因血緣門第的仗順而起，更重要的是「夷險不撓，終始無瑕」的人格特質。相較於曹魏武、文二帝，「賊殺母后，幽逼主上」、「忍害賢良，踈忌骨肉」，雙方邪正、順逆可判。由正統論的詮釋角度觀察本節所論劉知幾《史通》對《三國志》傳紀與否、稱謂之別、編次先後這些問題的批評，便能有所開展。正因劉知幾認為陳壽對劉漢多所貶抑，未能給其有如少康、光武、秦繆、楚莊的應有地位，故反應在史書體例上，就是「未達其情」、「懲惡勸善，其義安歸」了。

---

35 〔清〕紀昀等著：《四庫全書總目》第2冊（臺北：藝文印書公司，1989年），卷45，頁973。

36 即前引〈稱謂〉：「論王道則曹逆而劉順，語國祚則魏促而吳長。但以地處函夏，人傳正朔，度長絜短，魏實居多。」

　　劉知幾對陳壽的批評，除正統外，另一個核心原因則在於對史識的看重。《唐書》本傳載：

> （劉知幾）對曰：「史有三長：才、學、識，世罕兼之，故史者少。夫有學無才，猶愚賈操金，不能殖貨；有才無學，猶巧匠無楩柟斧斤，弗能成室。善惡必書，使驕君賊臣知懼，此為無可加者。」[37]

劉知幾論史家三長為「才、學、識」，其中「史識」一項，彭雅玲先生釋義為「公平正直的敘事態度以及分辨善惡真偽的判斷力」，[38]梁啟超先生則稱之為「歷史家的觀察力」。[39]然若依《唐書》本傳的文本脈絡，「史識」的重點當在「善惡必書，使驕君賊臣知懼」此種道德判斷之上。章學誠《文史通義‧史德》：

> 能具史識者，必知史德。德者何？為著書者之心術也。[40]

章學誠於劉知幾史家三長外，另立史德一目，強調其重要性。然章氏實也讀出劉知幾史識的內涵偏重，可謂千載知音。「善惡必書，使驕君賊臣知懼」的前提，自然是持身端正，所書所寫皆秉浩然之氣，「著書者之心術」實也是劉知幾史識的重要內涵，「能具史識者，必知史德」，誠哉斯言。

---

37 〔北宋〕歐陽修等著：《新唐書》，卷132，頁4522。
38 參彭雅玲：《史通的歷史敘事理論》（臺北：文史哲出版社，1993年），頁163-174。
39 參梁啟超：《中國歷史研究法補編（正補編‧新史學合刊）》（臺北：里仁出版社，1984年），頁201-205。
40 〔清〕章學誠著，葉瑛校注：《文史通義校注；校讎通義校注》（臺北：頂淵文化事業公司，2002年），卷3，頁219。

於此便也重新審視索米立傳與厚誣諸葛二事，《晉書》陳壽本傳：

> 或云丁儀、丁廙有盛名於魏，壽謂其子曰：「可覓千斛米見
> 與，當為尊公作佳傳。」丁不與之，竟不為立傳。壽父為馬謖
> 參軍，謖為諸葛亮所誅，壽父亦坐被髡，諸葛瞻又輕壽。壽為
> 亮立傳，謂亮將略非長，無應敵之才，言瞻惟工書，名過其
> 實。議者以此少之。[41]

丁儀、丁廙乃曹魏士人，與曹植交好，支持其奪嫡之爭。而在曹丕上
位後，旋踵即受報復，滿門抄斬。陳壽雖未有立傳，然相關事件仍散
見於《三國志》。立傳與否，本可持平討論，然《晉書》將原因繫於
索米不與，自然引人非議。同理，對於諸葛亮的評價，也當是本於史
家心識，有其獨斷之權，評論適恰與否自有公論，然《晉書》將其導
向陳壽私怨報復，此間輕重自是不可同日而語。

　　而劉知幾《史通》對《晉書》此二事的說法，都是持接受的態
度。先是索米立傳一事，〈曲筆〉：

> 陳壽借米而方傳，此又記言之奸賊，載筆之兇人，雖肆諸市
> 朝，投畀豺虎可也。[42]

然此事《晉書》記載本已破綻百出，如《三國志・魏書・曹植傳》明
載：「文帝即王位，誅丁儀、丁廙并其男口。」[43]真不知蜀亡後方入洛
的陳壽，如何與丁氏之子索米？是故清代學者如朱彝尊、杭世駿、王

---

41 〔唐〕房玄齡等撰：《晉書》，卷82，頁2137-2138。

42 〔唐〕劉知幾著，〔清〕浦起龍釋，白玉崢校點：《史通通釋》，卷7，頁182。

43 〔晉〕陳壽著，〔南朝宋〕裴松之注：《三國志》，卷19，頁561。

鳴盛、錢大昕、趙翼、何焯等，已從各方多所辯駁，近世學者[44]也多
主其妄，於此不贅。

關於為人物立傳與否，劉知幾也曾舉桓範、張仲景、何楨等人為
例，認為《三國志》當收入立傳，「遺此不編」乃「網漏吞舟」云
云。[45]這些問題自然可以討論，但劉知幾批評陳壽「記言之奸賊，載
筆之兇人，雖肆諸市朝，投畀豺虎可也」，如此嚴厲的批評正是出於
「史識」的道德判斷，認為陳壽「借米而方傳」，誠心術不正，有愧
史家職分。

索米立傳外，厚誣諸葛一事，也當以同樣的角度觀察詮釋，先將
相關的三條評論同列於下：

> 《蜀志》稱王崇補東觀，許蓋掌禮儀；又卻正為秘書郎，廣求
> 益部書籍，斯則典校無闕，屬辭有所矣。而陳壽評云：蜀不置
> 史官者，得非厚誣諸葛乎？（〈史官建置〉）
> 陳氏《國志·劉後主傳》云：蜀無史職，故災祥靡聞。案：黃
> 氣見於秭歸，群鳥墮于江水，成都言有景星出，益州言無宰相
> 氣，若史官不置，此事從何而書？蓋由父辱受髡，故加茲謗議
> 者也……蜀老猶存，知葛亮之多枉。（〈曲筆〉）
> 至若與奪乘宜，是非失中……陳壽謂諸葛不逮管、蕭……或言

---

44 參李純蛟：《三國志研究》（成都：巴蜀書社，2002年），〈一千七百年來《三國志》
研究中的若干爭論（中）〉，頁182-204。

45 〈人物〉：「當三國異朝，兩晉殊宅，若元則、仲景，時才重于許、洛；何楨、許
詢，文雅高于揚、豫。而陳壽《國志》、王隱《晉史》，廣列諸傳，而遺此不編。此
亦網漏吞舟，過為迂闊者也。」參〔唐〕劉知幾著，〔清〕浦起龍釋，白玉崢校點：
《史通通釋》，卷8，頁219。而相對應立場的討論，可參吳金華：〈《三國志》發
微〉，「《魏志》該不該補〈張仲景傳〉」。

傷其實，或擬非其倫。(〈論贊〉)[46]

《三國志・蜀書・後主傳》陳壽評曰：「國不置史，注記無官，是以行事多遺，災異靡書。」[47]劉知幾由此立論，舉諸多例證，認為當有置史，言陳壽「厚誣諸葛」、「葛亮多枉」。而「陳壽謂諸葛不逮管、蕭」、「言傷其實、擬非其倫」等語，也是能直接與《晉書》「壽父亦坐被髡，諸葛瞻又輕壽」的記載相連結。在本章的脈絡下，比起有無置史、評價公允與否的考辨，[48]更加關注的問題是，劉知幾這些對陳壽的批評，往往使用「誣陷」、「冤枉」等詞，直指陳壽心術不正，有愧史識：「蓋由父辱受髡，故加茲謗議者也」。

這種對史識的高度要求，誠是劉知幾的史學特色，其〈直書〉、〈曲筆〉二篇，也可視為此一觀念的延伸與展現。如於〈直書〉中論道：

當宣、景開基之始，曹、馬搆紛之際，或列營渭曲，見屈武侯，或發仗雲臺，取傷成濟；陳壽、王隱，咸杜口而無言。[49]

此段評論牽涉有二，「列營渭曲，見屈武侯」係指司馬懿、諸葛亮對壘，「發仗雲臺，取傷成濟」則是曹髦被弒之事。前者仍關乎對諸葛

46　〔唐〕劉知幾著，〔清〕浦起龍釋，白玉崢校點：《史通通釋》，卷11、卷7、卷4，頁282、182-184、77。案：引文第一條「郤正」當為「郤正」。

47　〔晉〕陳壽著，〔南朝宋〕裴松之注：《三國志》，卷33，頁902。

48　此處學者亦以多所辯駁，不贅，可參清儒王鳴盛《十七史商榷・陳壽史皆實錄》。參〔清〕王鳴盛撰，陳永和，王永平，張連生，孫顯軍校點：《十七史商榷》（南京：鳳凰出版社，2008年），卷39，頁213-214。亦可參盧弼：《三國志集解》，卷33、卷35，頁780、803。

49　〔唐〕劉知幾著，〔清〕浦起龍釋，白玉崢校點：《史通通釋》，卷7，頁178-179。

亮的評價，劉知幾一貫地認為陳壽有意貶抑，而也如前論，背後深層原因乃認為陳壽因私害公，心術不正，有愧史識。而後者除了史識，另一層問題，則是關乎對《春秋》書法的理解。

　　本節以「正統」與「史識」兩個關鍵詞，切入、反思劉知幾《史通》對陳壽《三國志》的批評，並也再次商榷其可能原因。然劉知幾對陳壽的批評，也有與「正統」與「史識」無關的部分。在求備求全的考量下，於此仍稍作爬梳。如陳壽《三國志》具有簡潔質直的撰史風格，大抵也是目前學界對《三國志》的主流看法：

　　　　〔隋〕王通《文中子中說》：「子曰：『使陳壽不美於史，遷、固之罪也……』裴晞曰：『何謂也？』子曰：『史之失，自遷、固始也，記繁而志寡……』」[50]
　　　　〔宋〕葉適《習學記言》：「陳壽筆高處逼司馬遷，方之班固，但少文義緣飾耳，要終勝固也。」[51]
　　　　〔明〕何喬新《椒丘文集》：「此書帝魏而寇蜀，吾先儒嘗斥其非，然其敘事簡健，非李延壽輩所能及。」[52]
　　　　〔清〕李慈銘《越縵堂日記》：「承祚固稱良史，然其意務簡潔，故裁制有餘，文采不足。」[53]

50　〔隋〕王通：《文中子中說》，收入張元濟主編：《四部叢刊三編》第39冊（臺北：臺灣商務印書館，1975年），卷2，頁4。

51　〔南宋〕葉適：《習學記言》，收入王雲五主編：《四庫全書珍本三集》第745冊（臺北：臺灣商務印書館，1972年），卷28，頁20。

52　〔明〕何喬新：《椒丘文集》，收入沈雲龍主編：《明文人集叢刊》第50冊（臺北：文海出版社，1970年），卷18，頁921。

53　〔清〕李慈銘著，由雲龍輯，上海書店出版社重編：《越縵堂讀書記》（上海：上海書店出版社，2000年），頁244。

引文列舉隋、宋、明、清各家說法，「少文義緣飾」、「敘事簡潔」、
「意務簡潔」等評論，皆清楚指出陳壽《三國志》以文字簡潔為長。
王通甚至認為陳壽之所以「不美於史」，是因為《史》、《漢》「記繁而
志寡」，言下之意，認為《三國志》方是辭約意豐。但有趣的是，劉
知幾持論不同，〈載文〉：

> 若乃歷選眾作，求其穢累，王沈、魚豢，是其甚焉；裴子野、
> 何之元，抑其次也。陳壽、干寶，頗從簡約，猶時載浮訛，罔
> 盡機要。唯王劭撰《齊》、《隋》二史，其所取也，文皆詣實，
> 理多可信；至於悠悠飾詞，皆不之取。此實得去邪從正之理，
> 捐華摭實之義也。[54]

劉知幾認為以史籍載文「穢累」之病言，王沈《魏書》、魚豢《魏略》
最為繁蕪，裴子野《宋略》、何之元《梁典》也屬蕪雜。而干寶《晉
紀》、陳壽《三國志》已是「頗從簡約」，然仍是不足，「時載浮訛」。
只有王劭的《齊》、《隋》二史，方是「文皆詣實，理多可信」。[55]在
〈敘事〉亦云：「《史》、《漢》已前，省要如彼；《國》、《晉》已降，
煩碎如此。」[56]換言之，劉知幾認為《三國志》雖以「頗從簡約」，然
仍是不足，猶「時載浮訛」、「煩碎如此」。這樣的批評，自然是與學
界的主流看法相左。

　　劉知幾《史通》對《三國志》的史體、史法也並非全是批評。如

---

54 〔唐〕劉知幾著，〔清〕浦起龍釋，白玉崢校點：《史通通釋》，卷5，頁115-116。

55 然《隋書》對王劭評價甚低：「好詭怪之說，尚委巷之談，文詞鄙穢，體統繁雜。
　　直愧南、董，才無遷、固，徒煩翰墨，不足觀採。」此間問題，或可另文深究。
　　〔唐〕魏徵等著：《隋書》，卷69，頁1613。

56 〔唐〕劉知幾著，〔清〕浦起龍釋，白玉崢校點：《史通通釋》，卷6，頁161。

在〈斷限〉:「伯符死漢,其事斷入於《吳書》。」[57]論及孫策當為漢臣,[58]然事既已收在《吳書》,則不需重複:「一代之史,上下相交,若已見它記,則無宜重述。」[59]又如〈稱謂〉:「降及曹氏,祖名多濫,必無懿德,其唯武王?故陳壽《國志》,獨呼武曰祖。至於文、明,但稱帝而已」。[60]此處評價亦是在理,〈明帝紀〉載:

> 武皇帝撥亂反正,為魏太祖,樂用武始之舞。文皇帝應天受命,為魏高祖,樂用咸熙之舞。帝制作興治,為魏烈祖,樂用章武之舞。三祖之廟,萬世不毀。[61]

曹叡為抬高自身地位,不依慣例,遂將曹操、曹丕與自己,分別以太祖、高祖、烈祖為廟號,並「萬世不毀」,為不祧之廟,此誠「祖名多濫」。而陳壽於《三國志》中,也僅對曹操稱太祖,而未用高祖、烈祖之稱,有其取捨與褒貶。劉知幾對這些史體、史法,也都是有持中的評價。

三 直書與晦筆:《春秋》書法的兩種面向

整體而言,劉知幾批評陳壽索米立傳與厚誣諸葛二事,學界歷來大抵不同意、有所反駁。然易代之交,對於敏感事件的記載多所不

57 〔唐〕劉知幾著,〔清〕浦起龍釋,白玉崢校點:《史通通釋》,卷4,頁89。

58 「策陰欲襲許,迎漢帝,密治兵,部署諸將。未發,會為故吳郡太守許貢客所殺。」參〔晉〕陳壽著,〔南朝宋〕裴松之注:《三國志》,卷46,頁1109。

59 〔唐〕劉知幾著,〔清〕浦起龍釋,白玉崢校點:《史通通釋》,卷4,頁89。

60 〔唐〕劉知幾著,〔清〕浦起龍釋,白玉崢校點:《史通通釋》,卷4,頁100。

61 〔晉〕陳壽著,〔南朝宋〕裴松之注:《三國志》,卷3,頁109。

詳，也就是「回護」[62]說，則是正反意見有之，學界大抵持保留態度，認為陳壽多所回護。舉繆鉞先生的評論為例：

> 以上所舉，是歷來學者對於《三國志》幾點重要的批評，以及對於這些批評意見的討論。其中因索米不遂而不為丁儀兄弟立傳及因父受刑而貶抑諸葛亮的兩種傳說，都是不可靠的⋯⋯唯獨書中時有曲筆，替西晉統治者隱惡溢美，多所回護，這不免是《三國志》的一個缺點。[63]

這些觀點大抵為學界的主流看法，然筆者曾考辨《三國志》曹髦被弒事件，認為陳壽「五月己丑，高貴鄉公卒，年二十」[64]的記載，乃使用《春秋》書法，微婉顯晦地留下其所認同的歷史真相，[65]並也於本書第二章第二節〈《三國志》『畏懼之史』的消融〉，有所簡要論述。於此僅再就《春秋》義例的部分，略作爬梳。先是《春秋》文公十八年：「冬，十月，子卒。」[66]《左傳》、《公羊》釋之曰：

> 冬十月，仲殺惡及視，而立宣公。書曰「子卒」，諱之也。[67]

62　如趙翼《廿二史劄記・《三國志》多回護》。參〔清〕趙翼撰，曹光甫校點：《廿二史劄記》（南京：鳳凰出版社，2008年），卷6，頁81-84。

63　繆鉞著：《《三國志》與陳壽研究》，《繆鉞全集》第四卷（石家莊：河北教育出版社，2004年），頁263。

64　〔晉〕陳壽撰，〔南朝宋〕裴松之注：《三國志》，卷4，頁143。

65　林盈翔：〈曲筆書弒，以史傳真──《三國志》曹髦被弒之《春秋》書法〉，《成大中文學報》第53期（2016年6月），頁1-32。

66　〔晉〕杜預注，〔唐〕孔穎達等正義：《春秋左傳正義》，收入〔清〕阮元校刻：《重栞宋本十三經注疏》，卷20，頁350-2。

67　〔晉〕杜預注，〔唐〕孔穎達等正義：《春秋左傳正義》，收入〔清〕阮元校刻：《重栞宋本十三經注疏》，卷20，頁351-2。

子卒者孰謂？謂子赤也。何以不日？隱之也。何隱爾？弒也。
弒則何以不日？不忍言也。[68]

可知「卒」指「弒也」，乃被殺而亡。二者，《春秋》隱公十一年：
「冬，十有一月壬辰，公薨。」[69]《左傳》、《公羊》釋之曰：

壬辰，羽父使賊弒公于寪氏，立桓公，而討寪氏，有死者，不
書葬，不成喪也。[70]
何以不書葬？隱之也。何隱爾？弒也。弒。則何以不書葬？
《春秋》君弒賊不討，不書葬，以為無臣子也。子沈子曰：
「君弒，臣不討賊，非臣也。子不復讎，非子也。葬，生者之
事也。《春秋》君弒，賊不討，不書葬，以為不繫乎臣子
也。」公薨何以不地？不忍言也。隱何以無正月？隱將讓乎
桓，故不有其正月也。[71]

可知賊不討則「不書葬」，而壽終正寢會寫地點，「不書地」已存見弒
之實。故陳壽雖僅書「高貴鄉公卒」五字，然「書卒」、「不書地」、
「不書葬」，實則已用《春秋》書法，直指曹髦乃死於非命、被弒而
亡，且兇手尚未伏誅。於「同日斬戮，名士減半」[72]外在環境的壓力

---

68 〔東漢〕何休注，〔唐〕徐彥疏：《春秋公羊傳注疏》，收入〔清〕阮元校刻：《重栞
宋本十三經注疏》，卷14，頁183-1。

69 〔晉〕杜預注，〔唐〕孔穎達等正義：《春秋左傳正義》，收入〔清〕阮元校刻：《重
栞宋本十三經注疏》，卷4，頁78-2。

70 〔晉〕杜預注，〔唐〕孔穎達等正義：《春秋左傳正義》，收入〔清〕阮元校刻：《重
栞宋本十三經注疏》，卷4，頁83-1。

71 〔東漢〕何休注，〔唐〕徐彥疏：《春秋公羊傳注疏》，收入〔清〕阮元校刻：：《重
栞宋本十三經注疏》，卷3，頁42-1。

72 〔晉〕陳壽著，〔南朝宋〕裴松之注：《三國志》，卷28，頁759。

下，陳壽《三國志》此處使用《春秋》書法的苦心孤詣，當是值得肯定的。

關於《春秋》書法，《左傳》成公十四年的「《春秋》五例」[73]為人所熟知：

> 《春秋》之稱，微而顯，志而晦，婉而成章，盡而不汙，懲惡而勸善。[74]

前四者為載筆之體，「懲惡而勸善」則是載筆之用，其目的同於《周禮・天官・宰夫》所云：「六曰史，掌官書以贊治。」[75]業師張高評先生釋之曰：

> 歷代所謂《春秋》書法，可歸納為二類：其一，側重內容思想者，如《左傳》所謂「懲惡而勸善」，「上之人能使昭明，善人勸焉，淫人懼焉」，以及《公羊》學家闡揚之「微言大義」，多屬焉。其二，側重修辭文法，如《左傳》所謂「微而顯，志而晦，婉而成章，盡而不汙」；「微而顯，婉而辨」，杜預所謂的正例變例，皆屬之。[76]

---

73 杜預〈春秋序〉：「發傳之體有三，而為例之情有五。一曰微而顯……」見〔晉〕杜預注，〔唐〕孔穎達等正義：《春秋左傳正義》，收入〔清〕阮元校刻：《重栞宋本十三經注疏》，卷1，頁13-2。

74 〔晉〕杜預注，〔唐〕孔穎達等正義：《春秋左傳正義》，收入〔清〕阮元校刻：《重栞宋本十三經注疏》，卷27，頁465-1。

75 〔東漢〕鄭玄注，〔唐〕賈公彥疏：《周禮注疏》，收入〔清〕阮元校刻：《重栞宋本十三經注疏》，卷3，頁47-2。案，牟宗三先生亦以「掌官書以贊治，正歲年以序事」解釋中國史官職掌的觀念形態，參牟宗三：《歷史哲學》（臺北：臺灣學生書局，2000年），頁6-14。

76 張高評：《春秋書法與左傳學史》（臺北：五南圖書出版公司，2002年），頁155-156。

是以《春秋》書法的兩大內涵，一是「懲惡而勸善」的內容思想，二則側重修辭文法，而其風格特色則是「微而顯，志而晦，婉而成章，盡而不汙」。以此檢視《三國志》，陳壽確實於書中有意識的使用《春秋》書法，並以晦筆為特色，一如曹髦被弒事件，所呈顯出的微婉顯晦、微言大義。[77]

　　於此正是可申論處，劉知幾雖於〈疑古〉、〈惑經〉中，以其史家學立場、實錄精神，對《尚書》、《春秋》有所批評，[78]然對於孔子《春秋》「懲惡而勸善」的褒貶大義仍是多所推崇：

> 逮仲尼之修《春秋》也，乃觀周禮之舊法，遵魯史之遺文，據行事，仍人道，就敗以明罰，因興以立功，假日月而定歷數，籍朝聘而正禮樂。微婉其說，志晦其文，為不刊之言，著將來之法，故能彌歷千載，而其書獨行。(〈六家〉)

---

77 本節的論述架構在於《史通》「直書」與《三國志》「晦筆」的對照，並以此彰顯、討論劉知幾對《三國志》的接受與批評。是以《三國志》的「晦筆」，是重要的立論基礎，然筆者博士論文《《三國志》「春秋」書法」研究》對此一議題已多有討論。學術固是步步積累而成，但行文也必須避免自我重複。再三斟酌後，於此僅簡要論述，疏漏、失衡處還望海涵。詳參林盈翔：《《三國志》「《春秋》書法」研究》（臺南：國立成功大學中國文學研究所博士論文，2016年）。

78 閻鴻中先生認為劉知幾於〈疑古〉、〈惑經〉中的批評，皆是秉於「實錄」的精神，而「實錄」亦是「史識」的重要意義。參閻鴻中：〈義例、名教與實錄──劉知幾史學思潮溯義〉，《臺大歷史學報》第31期（2003年6月），頁77-122。李紀祥先生以實錄為關鍵字，將劉知幾《史通》所標舉者，稱為「鑒式實錄」，而以司馬遷《史記》為代表，稱《史記》中「愛奇」、「傳奇」式的記載，乃是「興式實錄」，兩者雖然有別，但都還是能達到彰顯善惡的效果。參李紀祥：〈中國史學中的兩種「實錄」傳統──「鑒式實錄」與「興式實錄」之理念及其歷史世界〉，《漢學研究》第43期（2003年12月），頁367-390。逯耀東先生則是認為〈疑古〉、〈惑經〉，乃是將這些《尚書》、《春秋》視為史學著作，討論其史學價值。參逯耀東：《魏晉史學及其他》（臺北：東大圖書公司，2000年），頁85-104。

> 昔夫子修《春秋》，別是非，申黜陟，而賊臣逆子懼。（〈載文〉）
> 若乃《春秋》成而逆子懼，南史至而賊臣書，其記事載言也，
> 則如彼，其勸善懲惡也，又如此；由斯而言，則史之為用，其
> 利甚博；乃生人之急務，為國家之要道。（〈史官建置〉）[79]

由劉知幾論孔子修《春秋》「據行事，仍人道，就敗以明罰，因興以
立功」、「別是非，申黜陟，而賊臣逆子懼」、「成而逆子懼」、「勸善懲
惡」等等，可知劉知幾對《春秋》書法「懲惡而勸善」的內容思想，
十分推崇。而其史家三長中，「史識」所謂「善惡必書，使驕君賊臣
知懼」[80]者，亦可推知當是由《春秋》書法而來。然其中有細微的思
想變化者，即「善惡必書」。

　　此點當由《春秋》與《左傳》的關係論起，由劉知幾〈疑古〉、
〈惑經〉、〈申左〉諸篇，可知其經學觀念，乃近於杜預，即孔子乃因
魯史舊文，裁為《春秋》。是以這些經典，皆是史籍：

> 昔仲尼以睿聖明哲，天縱多能，覩史籍之繇文，懼覽者之不一。
> 刪《詩》為三百篇，約《史記》以修《春秋》，贊《易》道以
> 黜《八索》，述《職方》以除《九丘》；討論《墳》、《典》，斷
> 自唐、虞，以迄於周，其文不刊，為後王法。（〈自敘〉）
> 堯、舜相承，已見墳、典；周監二代，各有書籍。至孔子討論
> 其義，刪為《尚書》。始自唐、堯，下終秦穆，其言百篇，而

---

79 〔唐〕劉知幾著，〔清〕浦起龍釋，白玉崢校點：《史通通釋》，卷1、卷5、卷11，
　　頁7、116、274。
80 《孟子・滕文公下》：「孔子成《春秋》，而亂臣賊子懼。」參〔東漢〕趙岐注，
　　〔宋〕孫奭疏：《孟子注疏》，收入〔清〕阮元校刻：《重栞宋本十三經注疏》，卷6
　　下，頁118-1。

各為之序。(〈古今正史〉)[81]

由引文可知，劉知幾認為堯、舜、三代，「各有書籍」，而孔子「覩史籍之繁文，懼覽者之不一」，方有「刪《詩》為三百篇，約《史記》以修《春秋》」等行事，甚或認為連《尚書》也成於孔子之手。此觀念實已同於章學誠「六經皆史」[82]，李威熊先生亦論之曰「源經入史」、「以史論經」。[83] 是以劉知幾雖然尊孔、推崇《春秋》「懲惡勸善」的載筆之用，但以史學角度檢視《春秋》的記載，甚或載筆之「體」、修辭文法，劉知幾顯然是不滿意的，〈古今正史〉：

> 當周室微弱，諸侯力爭，孔子應聘不遇，自衛而歸；乃與魯君子左丘明，觀書於太史氏，因魯《史記》而作《春秋》。上遵周公遺制，下明將來之法；自隱及哀十二公行事。經成，以授弟子；弟子退而異言。丘明恐失其真，故論本事而為傳，明夫子不以空言說經也。《春秋》所貶當世君臣，其事實皆形於傳。故隱其書而不宣，所以免時難矣。[84]

由此處論述，可以發現劉知幾認為左丘明「恐失其真，故論本事而為傳」，正因《左傳》已將「《春秋》所貶當世君臣，其事實皆形於

---

81 〔唐〕劉知幾著，〔清〕浦起龍釋，白玉崢校點：《史通通釋》，卷10、卷12，頁263、298。

82 章學誠《文史通義‧易教上》：「六經皆史也。古人不著書，古人未嘗離事而言理，六經皆先王之政典也。」見〔清〕章學誠著，葉瑛校注：《文史通義校注；校讎通義校注》，卷1，頁1。

83 李威熊先生以經學觀點切入，認為劉知幾「源經入史」，雖為史學建立典範，然以史學角度討論經學，不免產生偏差，對經學、孔子的批評不盡正確與客觀。參李威熊：〈劉知幾以史論經之平議〉，《逢甲人文社會學報》第16期（2008年6月），頁1-23。

84 〔唐〕劉知幾著，〔清〕浦起龍釋，白玉崢校點：《史通通釋》，頁301。

傳」，故《春秋》方可「微婉其說，志晦其文」（〈六家〉）、「隱其書而不宣，所以免時難」。換言之，若無《左傳》，[85]《春秋》之微言大義何由得知？故〈惑經〉：

> 蓋明鏡之照物也，妍媸必露；不以毛嬙之面，或有疵瑕，而寢其鑒也。虛空之傳響也，清濁必聞，不以綿駒之歌，時有誤曲，而輟其應也。夫史官執簡，宜類於斯；苟愛而知其醜，憎而知其善，善惡必書，斯為實錄。觀夫子修《春秋》也，多為賢者諱……苟書法其如是也，豈不使為人君者，靡憚憲章，雖玷白圭，無慚良史也乎？[86]

此段「明鏡照物，妍媸必露」、「虛空傳響，清濁必聞」、「善惡必書，斯為實錄」的思想，為劉知幾極為核心的史學特質。以此觀點觀察《春秋》的「微言大義」，劉知幾自是不滿。再以此兩段記載為例：

> 著不虛美不隱惡故也。是則文之將史，其流一焉！固可以方駕南、董，俱稱良直者矣。（〈載文〉）
> 史之為務，厥途有三焉；何則？彰善貶惡，不避強禦；若晉之董狐，齊之南史，此其上也。編次勒成，鬱為不朽；若魯之丘明，漢之子長，此其次也。高才博學，名重一時；若周之史佚，楚之倚相，此其下也。（〈辨職〉）[87]

---

85 〈列傳〉此段也可看出劉知幾認為《左傳》為解《春秋經》而作，「編年者，歷帝王之歲月，猶《春秋》之經；列事者，錄人臣之行狀，猶《春秋》之傳。《春秋》，則傳以解經，《史》、《漢》，則傳以釋紀。」參〔唐〕劉知幾著，〔清〕浦起龍釋，白玉崢校點：《史通通釋》，卷2，頁43。

86 〔唐〕劉知幾著，〔清〕浦起龍釋，白玉崢校點：《史通通釋》，卷14，頁364。

87 〔唐〕劉知幾著，〔清〕浦起龍釋，白玉崢校點：《史通通釋》，卷5、卷10，頁113、255-256

劉知幾極為推崇、重視，不畏強權、秉筆直書的董狐[88]與南史[89]，贊為
「良直」。在其史學觀中，此種「不虛美，不隱惡」、「彰善貶惡，不
避強禦」、「明鏡照物，妍媸必露」、「直書實錄」[90]者，方是第一等的
史家風骨，甚至高於「編次勒成，鬱為不朽」，成一家言的《左傳》
與《史記》。[91]而這樣的觀點，自然也有其時代背景因素，一方面是前
言所提及的初唐史官制度的完善，讓這些史臣也相較而言有了更多的
保障，並以「崇實」為尚，[92]但另一方面卻又不斷發生史臣曲意阿
諛，擅改實錄的情形。[93]是以劉知幾此處「善惡必書」的觀點，也可
說是為時而發，〈曲筆〉：

88　《左傳》宣公二年：「乙丑，趙穿攻靈公於桃園，宣子未出山而復。大史書曰：『趙
　　盾弒其君。』以示於朝。宣子曰：『不然。』對曰：『子為正卿，亡不越竟，反不討
　　賊，非子而誰？』」參〔晉〕杜預注，〔唐〕孔穎達等正義：《春秋左傳正義》，收入
　　〔清〕阮元校刻：《重栞宋本十三經注疏》，卷21，頁365-1。

89　《左傳》襄公二十五年：「大史書曰：『崔杼弒其君。』崔子殺之。其弟嗣書，而死
　　者二人。其弟又書，乃舍之。南史氏聞大史盡死，執簡以往。聞既書矣，乃還。」
　　參〔晉〕杜預注，〔唐〕孔穎達等正義：《春秋左傳正義》，收入〔清〕阮元校刻：
　　《重栞宋本十三經注疏》，卷36，頁619-2。

90　《史通》研究者對直書、實錄的討論甚多，觀點大抵統一，且易見，故不俱引。僅
　　列莊萬壽先生〈歷史的任務——直書實錄〉、〈實錄史學與孔子思想的矛盾〉，參莊
　　萬壽：《史通通論》（臺北：萬卷樓圖書公司，2009年），頁14-17、103-132。

91　此處雖未明言，但孔子《春秋》想來也當是被劉知幾歸於此等。

92　參彭雅玲：《史通的歷史敘事理論》，〈唐初崇實的思想傾向〉，頁54-60。又，謝貴安
　　先生認為直書與曲筆相反相成，構成對立統一的關係。但仍以實錄直書為重，直書
　　是普遍性、曲筆是特殊性，言下之意同是以直書為尚。參謝貴安：《中國實錄體史
　　學研究》（武漢：武漢大學出版社，2007年），第六章〈實錄直書與曲筆的對立與統
　　一〉，頁181-253。

93　如李樹桐先生便考論認為，許敬宗大量造假《太宗實錄》，以粉飾唐太宗玄武門事
　　變弒兄逼父的醜事。參李樹桐：《唐史考辨‧玄武門之變及其對政治的影響》（臺
　　北：臺灣中華書局，1972年），頁153-191。李樹桐：《唐史考辨‧唐高祖三許立太祖
　　辨偽》，頁192-213。李樹桐：《唐史索隱‧玄武門之變的再認識——唐史考辨補篇之
　　一》（臺北：臺灣商務印書館，1988年），頁32-50。

> 筆有人倫，是稱家國，父父子子，君君臣臣；親疎既辨，等差
> 有別。蓋子為父隱，直在其中，《論語》之順也。略外別內，
> 掩惡揚善，《春秋》之義也。自茲已降，率由舊章，史氏有事
> 涉君親，必言多隱諱，雖直道不足，而名教存焉……蓋史之為
> 用也，記功司過，彰善癉惡，得失一朝，榮辱千載，苟違斯法，
> 豈曰能官？但古來唯聞以直筆見誅，不聞以曲詞獲罪……故令
> 史臣得愛憎由己，高下在心，進不憚于公憲，退無愧于私室，
> 欲求實錄，不亦難乎？嗚呼！此亦有國家者，所宜懲革也。[94]

劉知幾認為曲筆之始，乃《春秋》尊親之義，「略外別內，掩惡揚
善」，看似相較保守的評價「雖直道不足，而名教存焉」。然於後旋即
論述史傳中各種曲筆阿時之作，並言：「古之書事也，令賊臣逆子
懼；今之書事也，使忠臣義士羞。若使南、董有靈，必切齒于九泉之
下矣。」[95]南、董正是秉筆直書的代表，與曲筆者相對。慨言若不能
直書、實錄，又如何能「記功司過，彰善癉惡」呢？故望「有國家
者，所宜懲革」。實即要盡絕曲筆之事。劉知幾《史通·直書》：

> 況史之為務，申以勸誡，樹之風聲；其有賊臣逆子，淫君亂
> 主，苟直書其事，不掩其瑕，則穢跡彰於一朝，惡名被於千
> 載。言之若是，吁可畏乎？夫為於可為之時，則從；為於不可
> 為之時，則凶。[96]

劉知幾論史之為務，首重「申以勸誡，樹之風聲」，即《春秋》書法

94　〔唐〕劉知幾著，〔清〕浦起龍釋，白玉崢校點：《史通通釋》，卷7，頁181-184。

95　〔唐〕劉知幾著，〔清〕浦起龍釋，白玉崢校點：《史通通釋》，卷7，頁183-184。

96　〔唐〕劉知幾著，〔清〕浦起龍釋，白玉崢校點：《史通通釋》，卷7，頁178。

「懲惡勸善」之功。認為當以史權制衡政權,讓「穢跡彰於一朝,惡名被於千載」,[97]使亂臣賊子懼,且劉知幾亦深知直書於「不可為之時則兇」,然其仍以直書、實錄為重。

然則,《春秋》書法本就有「善惡必書」、「直書」與「微婉顯晦」、「晦筆」兩個面向,董狐「書法不隱」孔子固然推崇,[98]但「微婉顯晦」亦為孔子所重。《左傳》宣公九年:

> 陳靈公與孔寧、儀行父通於夏姬,皆衷其衵服,以戲于朝。洩冶諫曰:「公卿宣淫,民無效焉,且聞不令。君其納之!」公曰:「吾能改矣。」公告二子。二子請殺之,公弗禁,遂殺洩冶。孔子曰:「《詩》云:『民之多辟,無自立辟。』其洩冶之謂乎!」[99]

陳靈公與佞臣孔寧、儀行父三人私通於夏姬,並在朝會時同穿夏姬內衣,以為嬉戲。忠臣洩冶勸諫靈公不該宣淫,反為三人所殺。《左傳》載孔子對此事的評價為:「民之多辟,無自立辟」[100],可知,孔子認為洩冶在昏亂之世,當以明哲保身為務,而非自立法度、危身害

---

97 如《晉書·桓溫傳》:「(桓溫)雄武專朝,窺覬非望,或臥對親僚曰:『為爾寂寂,將為文景所笑。』眾莫敢對。既而撫枕起曰:『既不能流芳後世,不足復遺臭萬載邪!』」參〔唐〕房玄齡等著:《晉書》,卷98,頁2576。引文亦見《世說新語·尤悔》第13條。余嘉錫撰,周祖謨、余淑宜整理:《世說新語箋疏》(臺北:華正書局,1991年),下卷下,頁904。

98 〔晉〕杜預注,〔唐〕孔穎達等正義:《春秋左傳正義》,收入〔清〕阮元校刻:《重栞宋本十三經注疏》,卷21,頁365-2。

99 〔晉〕杜預注,〔唐〕孔穎達等正義:《春秋左傳正義》,收入〔清〕阮元校刻:《重栞宋本十三經注疏》,卷22,頁380-2。

100 楊伯峻注:「意味民多邪僻矣,國瀕危亂矣,勿自立法度以危身也」。參楊伯峻編著:《春秋左傳注》(高雄:復文圖書出版社,1991年),頁703。

命。《論語‧憲問》也有相同觀念的記載：

> 邦有道，危言危行；邦無道，危行言孫。[101]

危者，正也。[102]邦國有道，則言所當言、為所當為；世道昏聵，行為固然仍要端正，然言語則要恭謙退讓。此即孔子所謂「有道則知、無道則愚」、「用之則行、舍之則藏」[103]，同時也是《春秋》書法「微婉顯晦」的思維基礎。杜預《春秋左傳正義‧序》：「危行言孫，以辟當時之害，故微其文，隱其義。」[104]杜預於此便直引《論語》「危行言孫」之說，倡言《春秋》微文隱義乃為避時害。史公亦云：「孔氏著《春秋》，隱桓之間則彰，至定哀之際則微，為其切當世之文而罔褒，忌諱之辭也。」[105]亦為同理，這也正是陳壽《三國志》所使用的《春秋》書法。

另一方面，汪榮祖先生論《春秋》書法：

> 《春秋》筆法只是表達倫理意識，並無歪曲或完全隱藏事實，若王霸之辨，尊王抑霸，並未欲掩蓋王霸之事跡。若以崩諱君

---

101 〔魏〕何晏等注，〔宋〕邢昺疏：《論語注疏》，收入〔清〕阮元校刻：《重栞宋本十三經注疏》，卷14，頁123-1。

102 錢穆：《論語新解》（臺北：東大圖書公司，2004年），頁381。

103 《論語》中此類觀念甚多，〈憲問〉：「賢者辟世，其次辟地，其次辟色，其次辟言。」〈公冶長〉：「寧武子，邦有道則知，邦無道則愚，其知可及也，其愚不可及也。」、「子曰：『道不行，乘桴浮於海，從我者，其由與？』」〈述而〉：「子謂顏淵曰：『用之則行，舍之則藏，唯我與爾有是夫！』」相關論述可參林盈翔：《《三國志》「《春秋》書法」研究》，頁22-29。

104 〔晉〕杜預注，〔唐〕孔穎達等正義：《春秋左傳正義》，收入〔清〕阮元校刻：《十三經注疏》，頁16-2。

105 〔西漢〕司馬遷撰，〔南朝宋〕裴駰集解，〔唐〕司馬貞索隱，〔唐〕張守節正義：《史記》（北京：中華書局，2008年），卷110，頁2919。

王之死，並未真正掩蓋君王死去之事實……《春秋》筆法可說
是，在保存歷史真相的前提下，維護儒家倫理的折衷辦法。如
楊聯陞所謂，史家鼓勵道德而不失尊重實錄之原則，最多是干
擾了事實的呈現，以致於需要避諱學來解套。既可解套，事實
也就不會被淹沒。[106]

《春秋》書法重在「表達倫理意識，並無歪曲或完全隱藏事實」，換
言之僅是「干擾事實的呈現」，而非「淹沒事實」，是「鼓勵道德而不
失尊重實錄之原則」。故《春秋》書法「微婉顯晦」之大者，實乃全
身遠禍外，又能留存史實，「懲惡勸善」，無須如齊太史、蔡邕、[107]韋
昭[108]等史官，以身殉道，此正為晦筆之大用。

在四史中，《史記》與《三國志》因涉及當代史，故在《春秋》書
法的使用上，有其「微婉顯晦」之必要。《漢書》則為受詔而作，[109]
並以宣漢為功。[110]故縱有褒貶，但與政權的關係，與《史記》、《三國

---

106 〔美〕汪榮祖：〈西方史家對中國傳統史學的理解與誤解〉，《史學九章》（臺北：
　　麥田出版公司，2002年），頁143。

107 「邕謝允曰：『……願黥首為刑以繼《漢史》。』公卿惜邕才，咸共諫允。允曰：
　　『昔武帝不殺司馬遷，使作謗書，流於後世。方今國祚中衰，戎馬在郊，不可令
　　佞臣執筆在幼主左右，後令吾徒並受謗議。』遂殺邕。」參〔晉〕陳壽著，〔南朝
　　宋〕裴松之注：《三國志》，卷6，頁180。

108 「『今《吳書》當垂千載，編次諸史，後之才士論次善惡，非得良才如曜者，實不
　　可使闕不朽之書……』晧不許，遂誅曜。」參〔晉〕陳壽著，〔南朝宋〕裴松之
　　注：《三國志》，卷65，頁1462-1464。

109 《後漢書‧班固傳》：「固自永平中始受詔，潛精積思二十餘年，至建初中乃
　　成。」參〔南朝宋〕范曄著，〔唐〕李賢等注：《後漢書》，卷40上，頁1334。

110 《漢書‧敘傳》：「固以為唐虞三代，詩書所及，世有典籍，故雖堯舜之盛，必有
　　典謨之篇，然後揚名於後世，冠德於百王，故曰『巍巍乎其有成功，煥乎其有文
　　章也！』」參〔東漢〕班固著，〔唐〕顏師古注：《漢書》（北京：中華書局，2005
　　年），卷100下，頁4235。

志》相比，仍是較為緩和。而《後漢書》則是隔朝異代，故能不避忌諱，筆勢縱放、酣然暢論。趙翼對此亦有論述：

> 雖陳壽修書於晉，不能無所諱；蔚宗修書於宋，已隔兩朝，可以據事直書，固其所值之時不同。[111]

在不同的撰著背景之下，彼此對於《春秋》書法的書寫實踐、呈現方式、與奪輕重，會有所不同。趙翼言陳壽有「所諱」，而范曄能「據事直書」。而此種直書與晦筆的差別，也同樣展現在劉知幾《史通》與陳壽《三國志》之中。

　　行文至此，可以稍事整理，劉知幾贊同《春秋》書法「懲惡勸善」的載筆之用，然其反對「微文隱義」的載筆之體，而倡言「明鏡照物，妍媸必露」、「善惡必書，斯為實錄」的直書與實錄。《新唐書》本傳載：

> 時吏橫酷，淫及善人，公卿被誅死者踵相及。子玄悼士無良而甘於禍，作〈思慎賦〉以刺時。蘇味道、李嶠見而歎曰：「陸機〈豪士〉之流乎，周身之道盡矣！」[112]

以此論之，劉知幾當也是能理解守愚養拙、周身遠禍的想法才是，[113]

---

111 〔清〕趙翼著，曹光甫校點：《廿二史劄記》，卷6，頁79。

112 〔北宋〕歐陽修等著：《新唐書》，卷132，頁4520。

113 逯耀東先生〈劉知幾《史通》與魏晉史學〉對劉知幾〈思慎賦〉多有析論，可參。參逯耀東：《魏晉史學的思想與社會基礎》（臺北：東大圖書公司，2000年），頁277-327。另葉常泓先生認為劉知幾可能已因「周身之道」，而自行刪去〈體統〉、〈紕繆〉、〈弛張〉三篇。對此說持保留態度，然仍是可參。參葉常泓：〈劉知幾《史通》篇章存闕釋疑〉，《書目季刊》第51期（2017年9月），頁65-81。

然此番思考卻未能見於對《春秋》書法「微文隱義，以辟時害」的理
解，劉知幾此處思考的拉扯與選擇，確實也頗堪玩味。但最終的結果
是，劉知幾《史通》以「善惡必書」的觀念，對陳壽《三國志》曹髦
被弒事件「微言大義」的記載，屬言批評「發仗雲臺，取傷成濟」、
「杜口而無言」。

四　結論

　　本章在眾多前輩學者研究的基礎上，將問題意識聚焦至劉知幾
《史通》對陳壽《三國志》的總體評之上。並以「正統與史識：《史
通》對《三國志》批評的再商榷」、「直書與晦筆：《春秋》書法的兩
種面向」兩節次第論之。先是整理、分析劉知幾對《三國志》繁簡、
論贊、斷限等評論，並也觀察到，三國正統論實也影響劉知幾的批評
視野，陳壽《三國志》於體例上仍是以曹魏為正統，但劉知幾於私、
於人格行事，較為認可蜀漢正統，故也由此批評《三國志》的諸多體
例，如列傳、稱謂、編次等，認為陳壽有所失當，載記劉備當如《左
傳》記載秦繆、楚莊才是。也由史識切入，重新商榷索米立傳、厚誣
諸葛二事。此固為學界熱門議題，是以比起探討批評本身的允當與
否，本章更加觀注者，在於劉知幾這些批評背後，對於「善惡必書」
的「史識」要求。正是因為劉知幾接受了《晉書》的說法，認為陳壽
心術不正、行事有缺，有愧史識、史家職分，是以方會出言激烈，屬
聲批評。

　　於後在第三節，藉由曹髦被弒一事，指出陳壽《三國志》具有
「微婉顯晦」的《春秋》書法。深入分析劉知幾對《春秋》書法的可
能觀點，提出劉知幾對「懲惡勸善」的載筆之用仍是贊同，但於載筆
之體，則是以「善惡必書」取代「微婉顯晦」，以「直書」、「實錄」

為尚。要言之,《史通》重「直書」,《三國志》用「晦筆」,由陳壽與劉知幾兩人《春秋》書法觀念間的落差切入、觀察,便也能以不同的角度,重新討論劉知幾《史通》對陳壽《三國志》的接受與批評。

第四章
抑揚顯志
──《三國志演義》趙雲人物塑造與諸葛亮之關係

一　前言

　　《三國志演義》廣為世人流傳與接受，其所衍生而出的「三國」文化母題，更是深深積澱在華人文化的血脈之中，甚而進一步對世界文化產生影響。《三國》小說的敘事結構實則並不複雜，然其能如此廣泛傳播、影響深遠，泰半肇因於其成功的人物描寫，使此些三國英雄，[1]能在千載之下凜凜恆如有生氣。毛宗崗〈讀《三國志》法〉亦言：

> 古史甚多，而人獨貪看《三國志》者，以古今人才之聚，未有盛於三國者也。觀才與不才敵，不奇；觀才與才敵，則奇。觀才與才敵，而一才又遇眾才之匹，不奇；觀才與才敵，而眾才尤讓一才之勝，則更奇。[2]

誠如引文所論，《三國志演義》中英雄人物薈萃，文、武各具其貌，

1　江建俊先生：「東漢三國是『英雄』爭天下的時代，而魏晉則為『名士』揮灑聲光的時代」，參江建俊：〈論英雄與名士──析論《人物志》與《世說新語》所代表現的兩種不同人物典型〉，《于有非有，于無非無：魏晉思想文化綜論》（臺北：新文豐出版社，2009年），頁49-80。
2　〔明〕羅貫中著，〔清〕毛綸、毛宗崗點評：《三國演義》（北京：中華書局，2009年），頁1。

且此中又有更加特出者，如毛宗崗即以諸葛亮、關羽、曹操為前後史所絕無的「三奇、三絕」。[3]除此三絕外，蜀漢的「五虎將」亦是小說家所用心刻劃，而使其各具聲口與面貌。其中趙雲在《三國志演義》的武將塑造裡，可說是一個「完美」[4]的人物形象，而目前學界對《三國志演義》中趙雲人物形象的相關研究，誠可謂汗牛充棟。[5]以下就成果較佳的篇章加以回顧。

先是王前程先生有一系列的三國研究，成果頗豐。[6]而其中以趙雲為題者，則有〈從趙雲形象的重塑看羅貫中的大義觀〉、[7]〈論趙雲的悲劇性命運及其成因〉[8]兩篇。前篇就小說立論，後篇之評價則是本於史傳，皆有其個人觀點與可參考處。學位論文方面，王威《趙雲

3　〔明〕羅貫中著，〔清〕毛綸、毛宗崗點評：《三國演義》，頁1-2。

4　張俊：〈「五虎將」與「曹八將」〉，收入陳建功名譽主編、傅光明主編：《插圖本縱論三國演義》（濟南：山東畫報出版社，2006年），頁212-221。

5　如劉熹桁：〈趙雲形象演變的原因與意義探究——以《三國志》、《三國演義》和《見龍卸甲》為藍本〉，《佳木斯教育學院學報》第1期（2012年1月），頁36-38。楊雪：〈論《三國演義》中的趙雲形象〉，《文學研究》第1期（2014年1月），頁21-22。張文諾：〈論趙雲形象的文化書寫與時代鏡像〉，《商洛學院學報》第32卷第5期（2018年10月），頁34-41。《三國》研究專書多少也會提及片段，如李殿元、李紹先：《《三國演義》懸案解讀》（成都：四川人民出版社，2004年）。然此類篇章大抵整理功多，結論大致相同。

6　如王前程：〈《三國演義》與古代將相文化〉，《中華文化論壇》第1期（2007年3月），頁71-75。〈《三國演義》的英雄觀與宋元忠義思潮——蜀漢忠義文化的基本內涵〉，《西華師範大學學報（哲學社會科學版）》第6期（2016年11月），頁49-55。〈《三國志》所載馬超「督臨沮」應為「督臨洮」之誤〉，《西華師範大學學報（哲學社會科學版）》網路首發論文（2021年4月），頁1-7。《《三國演義》與傳統文化》（武漢：華中師範大學出版社，2007年）等等。

7　王前程：〈從趙雲形象的重塑看羅貫中的大義觀〉，《三峽大學學報（人文社會科學版）》第39卷第1期（2017年1月），頁91-97。

8　王前程：〈論趙雲的悲劇性命運及其成因〉，《內江師範學院學報》第31卷第7期（2016年7月），頁9-13。

形象史研究》，[9]是文在趙雲形象的處理上，關注面向較廣，史傳之外，也考索了文人敘事、雜劇、京戲、平話、彈詞等載體，於小說也能注意到諸版本間的差異。雖則論述精緻度還可再提升，然已算是研究成果較好的學位論文。[10]再者，陳香璉〈「五虎將」結構下的趙雲形塑──從史料素材到演義小說的藝術軌跡〉此文較有獨特觀點處，是將趙雲形象的塑造，置於「五虎將」的並列結構中觀察，認為《三國志演義》中趙雲形象的提升，是為了維持五虎將結構的平衡。[11]後也以此為基礎，延伸、完成其碩士學位論文。[12]

　　沈伯俊先生則是指出，羅貫中在「歌頌忠義」觀念的影響下，所極力刻劃的第一等人物應該是關羽。然隨著時代的演進，思想意識、審美觀念有所轉變，趙雲「膽識兼備，智勇雙全，機警精細，謙虛謹慎」的人物形象，反倒成為了當代讀者最喜歡的角色。[13]而周思源先生認為，「趙雲是《三國演義》中最得人心的藝術形象之一，他武藝超群、品德高超、穩重多謀，是一個完美的儒將藝術典型。」[14]禖夢

9　王威：《趙雲形象史研究》（杭州：浙江大學中國古代文學系碩士論文，2011年），指導教授：樓含松。

10　另有汪燦：《論趙雲形象的文本變遷與演變軌跡》（武漢：華中師範大學中國古代文學系碩士論文，2012年），指導教授：譚邦和。此文又再簡略，雖有延伸至當代戲劇的討論，但整體而言所開展的成果較為普通。

11　陳香璉：〈「五虎將」結構下的趙雲形塑──從史料素材到演義小說的藝術軌跡〉，《東華中國文學研究》，第11期（2012年12月），頁99-120。

12　陳香璉：《《三國志演義》中「五虎將」結構之探討》（花蓮：國立東華大學中國語文學系碩士論文，2012年），指導教授：王師文進。亦可參劉文菁：《《三國演義》五虎將人物形象研究》（宜蘭：佛光大學中國文學與應用學系碩士論文，2010年），指導教授：朱嘉雯。

13　沈伯俊：〈論趙雲〉，《《三國演義》新探》（成都：四川人民出版社，2002年），頁185-203。亦可參沈伯俊：〈趙雲為什麼特別討人喜歡〉，《沈伯俊說三國》（北京：中華書局，2006年），頁81-83。

14　周思源：《周思源品賞三國人物》（北京：中華書局，2007年），頁95。

庵先生亦稱「子龍的勇武不下於關、張，而識見實在二人之上」。[15]楊
自平先生也總結趙雲一生，認為其有為有守，「是蜀漢武將中唯一無
負評者」，趙雲「在人才濟濟的三國，樹立獨特典範」。[16]最末，鄺龔
子先生〈歷史的文學轉化──從史傳到《三國演義》中的趙雲〉，是
文較完整且細緻地爬梳了史傳中的趙雲形象，並就小說中趙雲的智仁
與勇武加以分析，並論曰：

> 《三國演義》的選擇性記憶和書寫，是集體多於個體性質的；
> 羅貫中「編次」而毛氏父子「改評」的，正是具有普遍認同的
> 歷史意義。小說中的趙雲，戰功和地位提升了，性格也更凸
> 出，但與其強調細節的虛構性，不如體認由本傳／別傳過渡到
> 文學的重塑，見證了歷史記憶凝聚為文化記憶，體現文化價值
> 的典範。[17]

此一提法也是十分精準，實則不單單是趙雲，吾人對《三國志演義》
的理解，也該注意到當視為集體創作的成果，且必須體認《三國志》
此一史傳為其根源的本質。

　　整體而言，當前學界對於《三國志演義》趙雲人物形象的研究，
共識大抵確切，乃「膽識兼備，智勇雙全、品德高超、穩重多謀」的
「完美」形象，似乎難再有新論。[18]雖則如此，然本章認為其中當還

---

15 龔夢庵：《三國人物論集》（臺北：臺灣商務印書館，2005年），頁153。
16 楊自平：《羅貫中與《三國演義》》（臺北：五南圖書出版公司，2020年），頁355-356。
17 鄺龔子：〈歷史的文學轉化──從史傳到《三國演義》中的趙雲〉，收入楊玉成、劉苑如主編：《今古一相接──中國文學的記憶與競技》（臺北：中央研究院中國文哲所，2019年），頁221-256。
18 浦安迪先生認為趙雲仍有若干缺失，也同樣批評劉、關、張、諸葛亮等人，在藝術

是有可再開發的未盡遺妍。是以在前輩學者研究的基礎上，進一步提問、關注，趙雲此一「完美」形象的形成原因可能為何？而以本章有所討論。最末，如第一章所論，《三國》小說明清之際的刻本現存便有三十多種，並有志傳系統與演義系統之分。在《三國志演義》的版本選擇上，本章採修訂最善、流傳最廣的毛宗崗本為討論核心。[19]下文便次第展開論述。

二　趙雲是諸葛亮的命令執行者、沙場代理人

　　《三國志演義》中諸葛亮的正式出場，當還是繫在第三十七回「司馬徽再薦名士，劉玄德三顧草廬」。[20]隨後便是隆中決策的高瞻遠矚，博望用兵的指揮若定。而當諸葛亮在小說中登場，之後的劇情結構便都緊扣著諸葛亮，直至六出祁山、五丈原隕星，[21]整體敘事讓諸葛亮呈現出「運籌帷幄之中，決勝千里之外」[22]的人物形象。

形象上的不足。但也就是可為參考的一家之說，學界對於趙雲形象的整體研究，當還是有一定共識的。前說可參〔美〕浦安迪，沈亨壽譯：〈《三國志演義》：義士氣概的侷限〉，《明代小說四大奇書》（北京：生活・讀書・新知三聯書店，2006年），頁361-500。

19 歐陽健先生：「（清人、毛氏父子）對歷史小說最重要的貢獻，首先是通過修訂、新編、評點等加工手段，最終形成了《三國演義》……的傳世定本。」參歐陽健：《中國歷史小說史》（臺北：萬卷樓圖書公司，2017年），頁295。

20 在第35回，已藉由水鏡先生埋下伏筆：「伏龍、鳳雛，兩人得一，可安天下。」參〔明〕羅貫中原著，吳小林校注：《三國演義校注》（臺北：里仁書局，1994年），頁415。

21 「其敘諸葛亮，則以三顧草廬為一起，而以六出祁山為一結。」〔明〕羅貫中著，〔清〕毛綸、毛宗崗點評：《三國演義》，頁3。

22 〔明〕羅貫中原著，吳小林校注：《三國演義校注》，第39回，頁462。又，此語典出劉邦對張良的稱讚，《史記・高組本紀》：「夫運籌策帷帳之中，決勝於千里之外，吾不如子房。」參〔西漢〕司馬遷著，〔南朝宋〕裴駰集解，〔唐〕司馬貞索隱，〔唐〕張守節正義：《史記》（北京：中華書局，2008年），卷8，頁381。

如小說中描寫最為用力、鋪陳最為宏大的赤壁之戰,若由第四十三回「諸葛亮舌戰群儒,魯子敬力排眾議」算起,至第五十回「諸葛亮智算華容,關雲長義釋曹操」,不到一年的時間寫了整整八回。[23]且小說描寫赤壁之戰,為雙線結構。明為曹魏與孫劉聯軍對抗,主要情節為曹操與周瑜鬥智。然伏線、主流實為諸葛亮與周瑜之爭。小說中的情節安排,如草船借箭、借東風等等;與反覆出現的敘事模式,周瑜為難、諸葛亮化解。其目的都有提高諸葛亮人物形象的成分。也因此周瑜、曹操也都成為陪襯諸葛亮的角色,而有所改寫與偏重,周瑜更是成了最大的受害者。史傳中「性度恢廓」、「膽略兼人」[24]的周瑜,為陪襯諸葛亮,被形塑成了小說中偏狹妒嫉、易怒欲殺的模樣。

由舌戰群儒到智算華容,實是以諸葛亮為中心在演義。《三國志演義》雖是線性敘事,然為了凸顯諸葛亮,是以提高赤壁之戰敘事時間的濃度。[25]是以小說描寫赤壁之戰的精采處,是在文戲而非武戲,是諸葛亮與周瑜之間的鬥智。小說最末更是以濃筆描寫史傳中毫無所本的「諸葛亮智算華容」,藉由曹操之口,一而再、再而三的凸顯諸葛亮的神機妙算。除掠美赤壁之戰的戰功外,更是成功形塑了諸葛亮「運籌帷幄之中,決勝千里之外」的人物形象。

又如小說後期的六出祁山,[26]考諸史傳,建興六年祁山、斜谷兩

---

23 實際上,若對照史傳記載,第38回「定三分隆中決策,戰長江孫氏報讎」至第51回「曹仁大戰東吳兵,孔明一氣周公瑾」,皆是在西元208年發生之事,則其時間跨度更是長達十四回。

24 〔晉〕陳壽著,〔南朝宋〕裴松之注:《三國志》(北京:中華書局,2007年),卷54,頁1264、1280。

25 「『故事』(Histoire)由處於順時次序之中的那些尚未被形諸語言的材料所組成……『話語』包括作者添加到故事上去的所有特徵,尤其是時間序列的改變,人物意識的呈示,以及敘事者與故事和讀者的關係……」詳參〔美〕華萊士‧馬丁著,伍曉明譯:《當代敘事學》(北京:北京大學出版社,1990年),頁127。

26 史傳中當是五次,小說將第100回「漢兵劫寨破曹真,武侯鬥陣辱仲達」也算為北

次北伐實都以失敗告終。而第三次建興七年是政治所需的勝戰，實也並未北攻。而建興九年出祁山、建興十二年出斜谷也都是無功而返。[27]但小說中為了維持諸葛亮的人物形象，便將每次軍事行動失敗的原因外部化，第一次北伐確實是因馬謖失街亭，但也以揮淚斬馬謖肩起責任，並輔以空城計彈琴退仲達、第二次北伐勝利追斬王雙，加以淡化諸葛亮的失誤。第三次北伐的失敗則為張苞身死，導致孔明大哭吐血，臥床不起。[28]第四次為成都流言，被後主召回。[29]第五次則是李嚴謊報東吳興兵寇蜀。[30]第六次則是著名的上方谷天意難違。[31]畢竟《三國志演義》是講史小說，即便情節可以調動，但也不能完全違背史傳，諸葛亮終究要面對失敗。於是此些改寫，讓諸葛亮「出師未捷身先死，長使英雄淚滿襟」[32]的悲劇英雄形象更為哀壯。並也藉由失敗責任的外部化，得以繼續維持「運籌帷幄之中，決勝千里之

伐。小說確實持論諸葛亮乃六出祁山，如第120回卷末古風便言：「孔明六出祁山前，願以只手將天補。何期歷數到此終，長星半夜落山塢。」參〔明〕羅貫中原著，吳小林校注：《三國演義校注》，第120回，頁1352。

27　（一）「六年春，揚聲由斜谷道取郿，使趙雲、鄧芝為疑軍，據箕谷，魏大將軍曹真舉眾拒之。亮身率諸軍攻祁山。」（二）「冬，亮復出散關，圍陳倉，曹真拒之，亮糧盡而還。」（三）「七年，亮遣陳式攻武都、陰平。」（四）「九年，亮復出祁山，以木牛運，盡退軍，與魏將張郃交戰，射殺郃。」（五）「十二年春，亮悉大眾由斜谷出，以流馬運，據武功五丈原，與司馬宣王對於渭南。」詳參〔晉〕陳壽著，〔南朝宋〕裴松之注：《三國志・諸葛亮傳》，卷35，頁922-925。

28　〔明〕羅貫中原著，吳小林校注：《三國演義校注》，第99回，頁1122。案，小說將史傳中第二次北伐圍陳倉，糧盡徹退時追斬王雙之事，改寫為勝利，並且將軍事行動延續至第三次攻武都、陰平。

29　〔明〕羅貫中原著，吳小林校注：《三國演義校注》，第100回，頁1136。案，此次北伐史傳所無。

30　〔明〕羅貫中原著，吳小林校注：《三國演義校注》，第101回，頁1147。

31　〔明〕羅貫中原著，吳小林校注：《三國演義校注》，第103回，頁1170。

32　〔唐〕杜甫：〈蜀相〉，參〔清〕楊倫編輯、箋注：《杜詩鏡銓》（臺北：華正書局，2000年），卷7，頁317。

外」的人物形象。

　　當前學界的研究成果亦咸認為《三國志演義》最為極力刻劃、用力最深的人物，乃諸葛亮無誤。周思源先生明確指出：

> ……桃園三結義，為188年。西晉滅吳為280年，所以《三國演義》總共寫了九十二年的故事。全書一百二十回，自桃園三結義起至234年諸葛亮病逝五丈原總共四十六年就佔了一百零四回，以後的四十六年僅有十六回……從人物角度來劃分全書結構，可以分成三大部分：即諸葛亮出場前劉備的困境，占三十四回；從三十五回諸葛亮即將出場和出場後劉備勢力逐步壯大形成三分天下，直到一百零四回諸葛亮逝世，占七十回；最後十六回是失去了諸葛亮後的蜀漢迅速衰落與滅亡。[33]

引文將《三國志演義》的故事時間訂為九十二年，再以諸葛亮星落五丈原為分界點，前四十六年占了一百零四回，後四十六年卻只占十六回，即便單就出場時間看，諸葛亮也足足占了七十回。另則，統計一百二十回的回目中，以諸葛亮為題者便有三十九回，占了近三分之一。凡此種種，皆可見其敘事的比重分配，而能有較客觀的理據，推論諸葛亮方為《三國志演義》裡，極力刻劃描寫的第一主角。確實，魯迅批評「狀諸葛之多智而近妖」，[34]胡適則言赤壁之戰時，將諸葛亮寫成「奸刁險惡的小人」。[35]但這都是對藝術形象塑造成功與否的批

33　周思源：《周思源品賞三國人物》，頁33-35。

34　魯迅：《魯迅小說史論文集：中國小說史略及其他》（臺北：里仁書局，1992年），頁114。

35　胡適：〈《三國演義》序〉，收入胡適著，季羨林主編：《胡適全集》（合肥：安徽教育出版社，2003年），頁775。

評，可以確認的是，小說確實是將諸葛亮作為第一主角在刻劃。

有此一概念後，進一步整理趙雲於小說中出場的回目與事件，並觀察諸葛亮是否有給予其指令，結果整理如下表：

《三國志演義》趙雲事件表			
回數	回目	事件	指令
7	袁紹磐河戰公孫，孫堅跨江擊劉表	趙雲登場	
11	劉皇叔北海救孔融，呂溫侯濮陽破曹操	辭別徐州陶謙	
28	斬蔡陽兄弟釋疑，會古城主臣聚義	古城聚義	
31	曹操倉亭破本初，玄德荊州依劉表	官渡戰後襲擊許都	
34	蔡夫人隔屏聽密語，劉皇叔躍馬過檀溪	平張武、陳孫 護送劉備	
35	玄德南漳逢隱淪，單福新野遇英主	接上回，護送劉備	
36	玄德用計襲樊城，元直走馬薦諸葛	樊城之役	
39	荊州城公子三求計，博望坡軍師初用兵	博望坡用兵	有
40	蔡夫人議獻荊州，諸葛亮火燒新野	火燒新野	有
41	劉玄德攜民渡江，趙子龍單騎救主	長板坡之戰	有
42	張翼德大鬧長板橋，劉豫州敗走漢津	接上回	延續
43	諸葛亮舌戰群儒，魯子敬力排眾議	諸葛亮提到名字	
49	七星壇諸葛祭風，三江口周瑜縱火	護送諸葛亮 安排截殺華容	有
50	諸葛亮智算華容，關雲長義釋曹操	伏兵截殺	延續
51	曹仁大戰東吳兵，孔明一氣周公瑾	護送諸葛亮	有
52	諸葛亮智辭魯肅，趙子龍計取桂陽	智取桂陽	有
54	吳國太佛寺看新郎，劉皇叔洞房續佳偶	護送劉備	有
55	玄德智激孫夫人，孔明二氣周公瑾	接上回	有
56	曹操大宴銅雀臺，孔明三氣周公瑾	接上回	有

《三國志演義》趙雲事件表			
回數	回目	事件	指令
57	柴桑口臥龍弔喪，耒陽縣鳳雛理事	護送諸葛亮	有
60	張永年反難楊脩，龐士元議取西蜀	接待張松	劉備
61	趙雲截江奪阿斗，孫權遺書退老瞞	截江救阿斗	否
63	諸葛亮痛哭龐統，張翼德義釋嚴顏	領命攻益	有
64	孔明定計捉張任，楊阜借兵破馬超	雒城之戰	有
65	馬超大戰葭萌關，劉備自領益州牧	薦降，殺劉晙、馬漢 封鎮遠將軍 勸諫劉備	否
70	猛張飛智取瓦口隘，老黃忠計奪天蕩山	勸諫諸葛勿用黃忠 領命攻打漢中	有
71	占對山黃忠逸待勞，據漢水趙雲寡勝眾	救援黃忠	有
72	諸葛亮智取漢中，曹阿瞞兵退斜谷	攻打漢中	有
73	玄德進位漢中王，雲長攻拔襄陽郡	封五虎將	
80	曹丕廢帝篡炎劉，漢王正位續大統	勸諫劉備	
81	急兄讎張飛遇害，雪弟恨先主興兵	接上回	
84	陸遜營燒七百里，孔明巧布八陣圖	解救劉備	否
85	劉先主遺詔託孤兒，諸葛亮安居平五路	受詔 守陽平關	有
86	難張溫秦宓逞天辯，破曹丕徐盛用火攻	攻打長安 召回攻打南蠻	否 有
87	征南寇丞相大興師，抗天兵蠻王初受執	平南中	有
88	渡瀘水再縛番王，識詐降三擒孟獲	接上回	有
89	武鄉侯四番用計，南蠻王五次遭擒	接上回	有
90	驅巨獸六破蠻兵，燒藤甲七擒孟獲	接上回	有

《三國志演義》趙雲事件表			
回數	回目	事件	指令
91	祭瀘水漢相班師，伐中原武侯上表	接上回 願為先鋒	有 有
92	趙子龍力斬五將，諸葛亮智取三城	北伐斬五將	有
93	姜伯約歸降孔明，武鄉侯罵死王朗	攻天水	有
94	諸葛亮乘雪破羌兵，司馬懿尅日擒孟達	破西羌	有
95	馬謖拒諫失街亭，武侯彈琴退仲達	箕谷為疑兵	有
96	孔明揮淚斬馬謖，周魴斷髮賺曹休	拒賞金	
97	討魏國武侯再上表，破曹兵姜維詐獻書	趙雲過世	

　　趙雲第一次出場為第七回，並於第九十七回伊始謝世。其中趙雲有所
行動或被提及的出場回目共四十四回。以第三十九回諸葛亮出場為界
線，諸葛亮未出場，趙雲有所行動者，共有七回。而在諸葛亮出場
後，由第三十九回到第九十七回間，趙雲有參與情節的回目有三十七
回。此間將趙雲的行動分為三類：一是武事軍務，二為情節過場，三
則勸諫進言。經統計，在《三國志演義》裡，孔明出場後，趙雲的武
事軍務共有三十一次之譜，其中只有四次的武事軍務，並非由孔明給
予指示。第一次是第六十一回截江救阿斗，第二次是第六十五回自薦
殺劉晙、馬漢，第三次是第八十五回劉備兵敗白帝城前往解救，第四
次是第八十六回借曹丕之口，言趙雲殺出陽平關，然隨即退兵。其中
第六十五回、[36]第八十六回[37]兩次，實則很接近情節過場，但仍從嚴

36　「人報蜀將劉晙、馬漢引軍到。趙雲曰：『某願往擒此二人！』言訖，上馬引軍
　　出。玄德在城上管待馬超吃酒。未曾安席，子龍已斬二人之頭，獻於筵前。馬超亦
　　驚，倍加敬重。」參〔明〕羅貫中原著，吳小林校注：《三國演義校注》，第65回，
　　頁746-747。

37　「忽流星馬報道：『趙雲引兵出陽平關，逕取長安。』丕聽得，大驚失色，便教回
　　軍。」參〔明〕羅貫中原著，吳小林校注：《三國演義校注》，第86回，頁974。

認定為武事軍務。以總體比例言,自三十九回諸葛亮出場始,趙雲近
九成的軍事行動,都是聽從諸葛亮的指令。因諸葛亮在小說中乃「運
籌帷幄之中,決勝千里之外」的軍師形象,自不可能浴血沙場、上陣
殺敵,必須有武將忠實地貫徹其指令,如小說中諸葛亮便往往使用
「激將法」、「軍令狀」等方式來達到驅使武將的目的。[38]

再進一步統計五虎將的出場回數、接受諸葛亮指令的比例,可得
表如下:

人物	總出場回數	接受諸葛亮指令	百分比
關羽	49[39]	12	0.24
張飛	46	15	0.32
馬超	18	3	0.16
黃忠	13	5	0.38
趙雲	44	28	0.63

此表格數字或許容有誤差,但整體趨勢當是明確的。出場最多的是關
羽、張飛二人,馬超、黃忠則是出場較少。而在接受諸葛亮指令的比
例上,趙雲可說是遙遙領先,趙雲與諸葛亮之間關係,相較於其他四
人,明顯是更為緊密與顯著的。趙雲接受諸葛亮指令的整體比例為六
成,而若以諸葛亮登場後算起,則是如前所述,高達九成,趙雲顯然
是執行諸葛亮命令的最佳人選。夏志清先生嘗論曰:

---

38 浦安迪先生:「諸葛亮施計操縱張飛和關羽的這類狡詐手法也在他驅使其他剛毅驍
　　將去執行命令的情節中反覆運用……除了運用激將法和冷嘲熱諷之外,諸葛亮對其
　　部下的心理操縱也常採用一種公開競爭的辦法……還有一種更為殘忍無情的常用計
　　策是責成戰將立下軍令狀,用生命做賭注保證完成使命。」參〔美〕浦安迪著,沈
　　亨壽譯:《明代小說四大奇書》,頁425。
39 於此統計至第七十七回「玉泉山關公顯聖洛陽城曹操感神」關羽退場,於後的追
　　述、顯靈等,不列入統計。

> 他（案：諸葛亮）毫無疑問地偏愛趙雲，覺得他勇敢、冷靜、
> 穩重，又是一個戰術家；他心中視趙雲為麾下第一大將，每次
> 出征時總把他留在身邊，把最棘手難辦的差事交給他。[40]

夏志清先生這樣的提法，足以成為此一觀察的佐證。如小說第八十
六回：

> 卻說趙雲引兵殺出陽平關之次。忽報丞相有文書到，說益州耆
> 帥雍闓結連蠻王孟獲，起十萬蠻兵，侵掠四郡；因此宣雲回
> 軍，令馬超堅守陽平關，丞相欲自南征。趙雲乃急收兵而回。
> 此時孔明在成都整飭軍馬，親自南征。[41]

引文便是顯著的例證。依史傳言，諸葛亮南征當在建興三年（西元
225年），馬超早在章武二年（222年）便已過世。而趙雲在建興元年
任中護軍，中護軍執掌禁軍，自是留守於劉禪身旁，直至建興五年
（西元227年）方隨諸葛亮駐軍漢中，參與北伐。[42]小說先是延後馬超
卒年、代替趙雲留守陽平關，再讓趙雲參與了南中之役，與諸葛亮一
同「五月渡瀘，深入不毛」。[43]

　　在人物形象與史傳記載的綜合考量下，小說中要能與諸葛亮搭
配、執行其命令的適合武將。五虎將中，關羽無法諸葛亮搭配，一方
面他在赤壁戰後鎮守荊州，是一員可獨立進行軍事征伐的將軍，並且

40 夏志清著，何欣等譯，劉紹銘校訂：《中國古典小說》（臺北：聯合文學出版社，2015年），頁88。

41 〔明〕羅貫中原著，吳小林校注：《三國演義校注》，第86回，頁975。

42 〔晉〕陳壽著，〔南朝宋〕裴松之注：《三國志》（北京：中華書局，2003年），卷36，頁949。

43 〔晉〕陳壽著，〔南朝宋〕裴松之注：《三國志》，卷35，頁920。

也是小說中所集中描寫的「義絕」、「武」的象徵。[44]加之關羽的人格特質,「剛而自矜」[45]是顯著的特色,是以讓其成為一聽命行事的角色,也有違人物形象的統一性。張飛於《三國志演義》中的形塑則是急躁易怒,小說中如怒鞭督郵、失小沛,乃至最終遇害等情節描述,也都扣合其喝酒、暴力而莽撞誤事的人物形象。兩人確實都有萬夫莫敵、不世之勇,[46]但也因與劉備「桃園三結義」,「寢則同牀,恩若兄弟」,[47]而有較高地位。馬超、黃忠兩人在描寫上也是各具特色,[48]然畢竟加入較晚,且退場又早,小說中能與諸葛亮搭配的時間也少。五虎將在刪去法的狀態下,在人物形象與原有的歷史記載架構下,趙雲是五虎將中,小說家能夠填補最多空白、與諸葛亮搭配的最佳人選。是以在小說中,赤壁之戰後,攻益州時,趙雲與張飛時常搭配,接受諸葛亮調度。而漢中之役,趙雲則是與黃忠搭配。南征之時,趙雲又與魏延搭配。即便到了北伐,第九十二回「趙子龍力斬五將,諸葛亮智取三城」,趙雲仍是「年登七十建奇功」,[49]總能不辱使命的完成諸

---

44 如周建渝先生便注意到,項羽、呂布與關羽的敘述模式彼此互涉,而聚焦點便是武的象徵與義、不義的對比。參周建渝:《多重視野中的《三國志通俗演義》》(北京:中國社會科學出版社,2009年),頁55-66。

45 〔晉〕陳壽著,〔南朝宋〕裴松之注:《三國志》,卷36,頁951。〔明〕羅貫中原著,吳小林校注:《三國演義校注》,第78回,頁877。

46 劉海燕先生考察史傳中「關張之勇」的記載,論證其武勇形象的流傳。參劉海燕:《從民間到經典——關羽形象與關羽崇拜生成演變史論》(臺北:萬卷樓圖書公司,2019年),頁17-22。

47 〔晉〕陳壽著,〔南朝宋〕裴松之注:《三國志》,卷36,頁939。

48 關於五虎將此間塑形的相互影響與小說美學藝術,可參王師文進:〈由「五虎將」的塑造談《三國演義》對史籍的融鑄與創造——以馬超為主的觀察〉(國立成功大學,「第六屆實用中文寫作策略學術研討會」,2010年12月)。陳俊偉:〈「並列思維」與五虎將——《三國演義》醜化魏延的意義新探〉,《東華中國文學研究》第10期(2011年10月),頁27-50。陳香璉:〈「五虎將」結構下的趙雲形塑——從史料素材到演義小說的藝術軌跡〉,《東華中國文學研究》,第11期(2012年12月),頁99-120。

49 〔明〕羅貫中原著,吳小林校注:《三國演義校注》,第92回,頁1042。

葛亮的規劃與命令。[50]

　　再如由回目「趙子龍力斬五將，諸葛亮智取三城」也能觀察到，諸葛亮與趙雲的對比，正是力與智、文與武。固然，小說中一流的英雄人物，多是文武有所兼備：「聰明秀出，謂之英；膽力過人，謂之雄……英以其聰謀始，以其明見機，待雄之膽行之；雄以其力服眾，以其勇排難，待英之智成之。」[51]而趙雲更是被目為泯滅文武界線的「賢臣」典範。[52]是以如五十二回回目「諸葛亮智辭魯肅，趙子龍計取桂陽」，也能看到趙雲於計謀、智慧的展現。然而當諸葛亮與趙雲並置時，仍是有其各自偏重。也正因諸葛亮無法親自上戰場，所以其需要一個沙場上的代理人、命令的執行者。而在講史演義的框架下，歷史事件與人物有其不能調動的大架構，是以在五虎將中，相較於其他四人，趙雲相對而言是小說所能運用的最佳人選。是以小說中諸葛亮是安居平五路、運籌帷幄之中的軍師；趙雲則是能完成諸葛亮的託付，長坂坡七進七出、血染征袍、決勝沙場的武將。

三　《三國志演義》人物塑造的抑揚結構：
　　趙雲形象的強化

　　在第二節論證的觀察視角下，重新審視小說的情節安排，如第七十一回「占對山黃忠逸待勞，據漢水趙雲寡勝眾」。在史傳中，定軍

---

50 關於對趙雲年齡的小說藝術調動及效果，可參周思源：《周思源品賞三國人物》，頁105-109。

51 〔魏〕劉邵：《人物志》（臺北：臺灣商務印書館，1967年），頁20-21。

52 曾世豪先生：「趙雲尤其以其仁人愛物，大處著眼的懷抱與格局，不只一次被毛評譽為有見識之『大臣』，不能單純以武將目之，泯滅了文武界線之限制，象徵了亂世之中賢臣的典範。」參曾世豪：〈書生膽氣，大將才識──論《三國演義》文武關係與治亂隱喻〉，《漢學研究》第38卷第4期（2020年12月），頁163。

山之役乃黃忠軍功，本傳載：

> 建安二十四年，於漢中定軍山擊夏侯淵。淵眾甚精，忠推鋒必
> 進，勸率士卒，金鼓振天，歡聲動谷，一戰斬淵，淵軍大敗。
> 遷征西將軍。[53]

再對照〈法正傳〉，可知攻漢中乃法正諫言，且戰事持續近兩年，且
是由劉備親自領軍。[54]也因為此戰役的勝利，劉備隨即自立為漢中
王。[55]黃忠地位的拔升，也與其在定軍山馘首夏侯淵直接相關。[56]
〈諸葛亮傳〉載「先主外出，亮常鎮守成都，足食足兵。」[57]故以史
傳言，諸葛亮實未參與漢中之役。然小說既以諸葛亮為第一主角，故
重要的情節發展，都緊扣諸葛亮。史傳中漢中之役謀起法正，法正也
隨隊征討，但小說中便改寫為是諸葛亮的指示。並且諸葛亮料事如
神、運籌帷幄，以洞燭機先的方式，吩咐趙雲做好準備、接應：

> 卻說孔明分付黃忠：「你既要去，吾教法正助你。凡事計議而
> 行。吾隨後撥人馬來接應。」黃忠應允，和法正領本部兵去
> 了。孔明告玄德曰：「此老將不著言語激他，雖去不能成功。
> 他今既去，須撥人馬前去接應。」乃喚趙雲：「將一枝人馬，

---

53 〔晉〕陳壽著，〔南朝宋〕裴松之注：《三國志》，卷36，頁948。
54 〔晉〕陳壽著，〔南朝宋〕裴松之注：《三國志》，卷37，頁961。
55 〔晉〕陳壽著，〔南朝宋〕裴松之注：《三國志》，卷32，頁884。
56 「是歲，先主為漢中王，欲用忠為後將軍，諸葛亮說先主曰：『忠之名望，素非
　關、馬之倫也。而今便令同列。馬、張在近，親見其功，尚可喻指；關遙聞之，恐
　必不悅，得無不可乎！』先主曰：『吾自當解之。』遂與羽等齊位，賜爵關內
　侯。」參〔晉〕陳壽著，〔南朝宋〕裴松之注：《三國志》，卷36，頁948。
57 〔晉〕陳壽著，〔南朝宋〕裴松之注：《三國志》，卷35，頁916。

> 從小路出奇兵接應黃忠：若忠勝，不必出戰；倘忠有失，即去救應。」[58]

固然，諸葛亮也並非只會給與趙雲命令，也有與其他武將的互動。但在小說中，趙雲正是與諸葛亮配合最好、合作時間最長、參與情節最多的武將。換言之，趙雲也因此得到了最多的出場機會，並且既然是諸葛亮命令的執行者，則其戰果自然也都是正面而成功的。如小說此段也是多所著墨趙雲的英勇：

> 雲挺槍驟馬直殺往前去。迎頭一將攔路，乃文聘部將慕容烈也，拍馬舞刀來迎趙雲；被雲手起一槍刺死。曹兵敗走。雲直殺入重圍，又一枝兵截住；為首乃魏將焦柄，雲喝問曰：「蜀兵何在？」柄曰：「已殺盡矣！」雲大怒，驟馬一槍，又刺死焦柄。殺散餘兵，直至北山之下，見張郃、徐晃兩人圍住黃忠，軍士被困多時。雲大喝一聲，挺槍驟馬，殺入重圍；左衝右突，如入無人之境。那槍渾身上下，若舞梨花；遍體紛紛，如飄瑞雪。張郃、徐晃心驚膽戰，不敢迎敵。雲救出黃忠，且戰且走；所到之處，無人敢阻。[59]

小說中以「挺槍驟馬，殺入重圍」、「所到之處，無人敢阻」、「那槍渾身上下，若舞梨花；遍體紛紛，如飄瑞雪。」等濃筆，形塑趙雲一夫當關、萬夫莫開的英勇形象。史傳中趙雲其實也並未參與此役，小說則是讓趙雲執行諸葛亮的命令，是與諸葛亮一同「包裹」出場。

更為顯著的共同出場情節，則以三條錦囊妙計最為代表。《三國

---

58 〔明〕羅貫中原著，吳小林校注：《三國演義校注》，第71回，頁807。
59 〔明〕羅貫中原著，吳小林校注：《三國演義校注》，第71回，頁813-814。

志演義》第五十四回「吳國太佛寺看新郎，劉皇叔洞房續佳偶」：

> ……玄德懷疑不敢往。孔明曰：「吾已定下三條計策，非子龍不可行也。」遂喚趙雲近前，附耳言曰：「汝保主公入吳，當領此三個錦囊。囊中有三條妙計，依次而行。」即將三個錦囊，與雲貼肉收藏。孔明先使人往東吳納了聘，一切完備。[60]

《三國志》載劉琦死後，「群下推先主為荊州牧，治公安。權稍畏之，進妹固好。先主至京見權，綢繆恩紀。」[61]而此段在小說中被敷衍成過江招親，並與三氣周公瑾結合，也是赤壁之戰瑜亮之爭的終結。在「玄德懷疑不敢往」的背景下，諸葛亮洞燭機先，訂好三條錦囊妙計，並言「非子龍不可行也」。而這三個錦囊妙計分別是，抵吳後先前往拜見喬國老，好讓吳國太介入。再者為當劉備貪戀女色、金玉錦綺，不願離開時，以荊州有難誆騙。最末則是追兵臨頭時，「泣告」孫夫人，讓孫夫人幫忙退敵。[62]

　　故事的主要執行者雖是趙雲，但仔細思考其情節合理性，此三個計策執行時，有非趙雲不可的必要因素嗎？又如劉備人傑，怎會如此輕易被美女、金玉所迷惑，以致「樂不思荊」，這對劉備的人物形象塑造有無落差？最末，若趙雲能於長坂坡單騎救主，「子龍一身都是膽也」。[63]則最後直接與吳國追兵衝突、斷後，保劉備離開，當也不是難事。是以細細思索，此一情節的設計與安排，其所欲美者，仍是諸

60　〔明〕羅貫中原著，吳小林校注：《三國演義校注》，第54回，頁614。
61　〔晉〕陳壽著，〔南朝宋〕裴松之注：《三國志》，卷32，頁879。
62　〔明〕羅貫中原著，吳小林校注：《三國演義校注》，第54、55回，頁615、624、626。
63　〔晉〕陳壽著，〔南朝宋〕裴松之注：《三國志》，卷36，頁950。

葛亮，主要目的仍是塑造諸葛亮料事如神、運籌帷幄的人物形象。而趙雲於此，可說是因為劇情結構所需，是以讓其執行諸葛亮的「錦囊妙計」。因塑造諸葛亮的情節過程中，需要有一個適合的執行者，小說中趙雲形象的塑造，也與此息息相關。

　　諸葛亮實是《三國志演義》的第一主角，而許多情節安排，多是為提升、強化諸葛亮「萬古雲霄一羽毛」[64]的完美形象。也因此連帶使周遭的人物與史傳相比，有所改寫、強化或弱化。如前述周瑜於赤壁之戰的弱化外，「伏龍、鳳雛，兩人得一，可安天下」[65]的龐統，也成了陪襯諸葛亮的最大受害者，而成了形容古怪、恃才傲物的角色，與史傳記載完全不同。[66]而趙雲於此，則是恰恰相反，在一次次的情節安排中，趙雲成為了諸葛亮計策、謀劃的執行者。於第一節文獻回顧時，亦指出學界咸認為趙雲的人物形象可稱「完美」。小說中趙雲形象的塑造，自然以其史傳載記、人物性格等因素為根本，然就本章的推論與觀察，此一「完美」，當也是與諸葛亮的人物形象相表裡相關。諸葛亮是安居平五路的軍師，戰場上仍有必須能夠完成其託付、執行其命令武將，趙雲正是綜合考量下的最佳人選。而正因諸葛亮的「完美」，是以身為執行者的趙雲，其戰果也皆為正面，形象自也水漲船高。而此點，也正是前人研究所未及細論處。

　　當小說家濃筆描繪諸葛亮，不斷提高他的人物形象之時，作為諸葛亮命令的執行者趙雲，也隨之成為了最大的受惠者。趙雲小說中的「完美」形象，實在人物塑造的抑揚間，與諸葛亮互為表裡、習習相

64　〔唐〕杜甫〈詠懷古蹟五首〉：「諸葛大名垂宇宙，宗臣遺像肅清高。三分割據紆籌策；萬古雲霄一羽毛。」參〔清〕楊倫編輯、箋注：《杜詩鏡銓》，卷13，頁653。

65　〔明〕羅貫中原著，吳小林校注：《三國演義校注》，第35回，頁415。

66　參林盈翔：〈習鑿齒《襄陽記》與臥龍、鳳雛並稱的源起——兼論《三國志演義》中龐統角色的成敗〉，《雲漢學刊》第18期（2009年6月），頁25-53。

關。而這樣的結果，也是演義小說、講史小說，在歷史框架、人物形象的諸多條件限制下，為達成其主要藝術目標、提高諸葛亮形象時，最為合理的選擇。或許，這也是《三國志演義》小說研究，有別於其他古典小說之處，正因為有《三國志》作為母本，故能進行參差的對照，便能發現作者在其中的轉化與用心。[67]而此種為塑造核心人物，而隨之調動情節、或強化或弱化周遭人物的現象，或許可名之為《三國志演義》人物塑造的「抑揚結構」。以揚升諸葛亮為核心，周瑜、龐統被貶抑，成為「受害者」；而趙雲則是作為命令的執行者，成為了「受惠者」。

也誠如前述，《三國志演義》由歷史記憶轉而成為文化記憶的過程，是集體多於個體性質的。易言之，應當把《三國志演義》中趙雲人物形象的的塑造，視為集體創作的成果。而在此過程中，自然受到多方的影響與考量。以趙雲的人物形象論之，史傳本源也是影響甚深，庸愚子（蔣大器）〈三國志通俗演義序〉：

> 若東原羅貫中，以平陽陳壽傳，考諸國史，自漢靈帝中平元年，終于晉太康元年之事。留心損益，目之曰《三國志通俗演義》。文不甚深，言不甚俗，事紀其實，亦庶幾乎史。[68]

「事紀其實，庶幾乎史」可說是《三國志演義》的重要特色。陳壽《三國志》對趙雲的記載相對簡略，然裴松之注引《雲別傳》中，卻

---

67 實則，不同版本間的《三國》小說，其中亦有不小差距。然本章為聚焦論述，故僅論及毛批本，待日後研究課題陸續開展，或能再進一步析論不同版本間的側重與差異。

68 〔明〕羅貫中：《明弘治版三國志通俗演義》（臺北：新文豐出版公司，1979年），頁1-2。

收錄了諸多關於趙雲的正面事蹟。《雲別傳》乃趙雲後人私修家傳，內容多為褒美記載，也不免會有阿私先人之言。[69]若分析《三國志·趙雲傳》，會發現小說中的趙雲事件，與史傳高度貼合，亦即史傳所載的事件，幾乎全為小說所採擷，如拒趙範嫂、勸諫劉備、漢水救援等等，[70]而此些內容全都出自《雲別傳》。又如小說中的重要情節，趙雲截江奪阿斗，亦可由《雲別傳》尋其本事：

> 先主入益州，雲領留營司馬。此時先主孫夫人以權妹驕豪，多將吳吏兵，縱橫不法。先主以雲嚴重，必能整齊，特任掌內事。權聞備西征，大遣舟船迎妹，而夫人內欲將後主還吳，雲與張飛勒兵截江，乃得後主還。[71]

於此先不討論《雲別傳》記載的史料可信度，可以理解的是，正因此些材料，故能讓小說能有「因文生事」、「上下其手」的空間，使趙雲的形象越發「完美」。仔細觀察小說第七十三回此段文字：

> 雲長問曰：「漢中王封我何爵？」詩曰：「『五虎大將』之首。」雲長問：「那五虎將？」詩曰：「關、張、趙、馬、黃是也。」雲長怒曰：「翼德吾弟也；孟起世代名家；子龍久隨吾兄，即吾弟也：位與吾相並，可也。黃忠何等人，敢與吾同

---

69 關於魏晉別傳的質性，可參逯耀東：〈魏晉別傳的時代性格〉，《魏晉史學的思想與社會基礎》（臺北：東大圖書公司，2000年），頁101-138。

70 以寬泛的標準言，僅有一事未採：「與夏侯惇戰於博望，生獲夏侯蘭。蘭是雲鄉里人，少小相知，雲白先主活之，薦蘭明於法律，以為軍正。雲不用自近，其慎慮類如此。」參〔晉〕陳壽著，〔南朝宋〕裴松之注：《三國志》，卷36，頁949。

71 〔晉〕陳壽著，〔南朝宋〕裴松之注：《三國志》，卷36，頁949。

列？大丈夫終不與老卒為伍！」[72]

其中趙雲的排序被挪至關、張之後，甚有「子龍久隨吾兄，即吾弟也」之說。[73]雖則《雲別傳》稱「先主與雲同床眠臥」，[74]但沈伯俊先生也直接論斷趙雲不會是「四弟」。[75]畢竟細究趙雲生平與職官，可知趙雲當是護衛長，身分其實不高。其地位的躍升，終至能在《三國志》中與關、張、馬、黃四人合傳，是肇因於死後劉禪的追封。換言之，與史傳相比，趙雲在小說中的地位被大幅提升。而且比馬超、黃忠等人物都要提升更多。又如在第八十五回，「劉先主遺詔託孤兒，諸葛亮安居平五路」：

> 先主謂眾官曰：「朕已託孤於丞相，令嗣子以父事之。卿等俱不可怠慢，以負朕望。」又囑趙雲曰：「朕與卿於患難之中，相從到今，不想於此地分別。卿可想朕故交，早晚看覷吾子，勿負朕言。」雲泣拜曰：「臣敢不效犬馬之勞！」[76]

劉備託孤於史傳可考，然趙雲自是不見於載記。以《三國志》言，五虎將中，此時其他四人俱亡，[77]然在史傳無載的情況下，小說實也無須讓趙雲在此登場，但小說卻選擇讓趙雲接續於諸葛亮後，受劉備託孤。此段情節使趙雲的人物形象、地位，提升到能與諸葛亮比肩的地

---

72 〔明〕羅貫中原著，吳小林校注：《三國演義校注》，第73回，頁831。

73 在京劇裡，趙雲常被稱為「四將軍」或是「四弟」，可參王威：〈明清戲曲舞臺上的趙雲〉，《趙雲形象史研究》，頁57-70。

74 〔晉〕陳壽著，〔南朝宋〕裴松之注：《三國志》，卷36，頁949。

75 沈伯俊：〈趙雲是不是劉備的「四弟」？〉，《沈伯俊說三國》，頁78-80。

76 〔明〕羅貫中原著，吳小林校注：《三國演義校注》，第85回，頁958-959。

77 如前所述，小說中延後馬超卒年，於小說中，劉備託孤時馬超尚在。

步。[78]這也符合本章所論，趙雲在小說結構中，實可視為諸葛亮「武」的化身。

　　總體而言，小說最終所呈現出的趙雲形象，當是一個動態變化、平衡後的結果。其中有源自史傳——特別是《雲別傳》的故事，與相應而來的人物形象。但也有在小說結構中，為了完成主要目的——塑造諸葛亮形象，是以在固定材料、諸多限制下，對趙雲的諸多改寫與強化。小說是以史傳為創作基底，然並非是創作目的。否如周瑜、龐統等人物，其形象不會在小說中如此被弱化。而趙雲也不會被強化至四弟、託孤此等地步。

四　結論

　　一如王明珂先生所提醒：

> 對於一段文，文獻研究問「它到底在說什麼？」文本分析問的則是，「它到底想說些什麼？」文獻分析希望在文獻中去蕪存菁，以重建客觀、正確的過去事實。文本分析則對於文本中的「蕪」，也就是不實的、矛盾的、脫裂的或難以理解的記載，更感興趣。[79]

本章在處理「《三國志演義》趙雲形象」此一問題時，也如引文所

---

78 史傳中，與諸葛亮同受詔託孤者為李嚴，劉備並將軍權實質託付與李嚴：「章武二年，先主徵嚴詣永安宮，拜尚書令。三年，先主疾病，嚴與諸葛亮並受遺詔輔少主；以嚴為中都護，統內外軍事，留鎮永安。」參〔晉〕陳壽著，〔南朝宋〕裴松之注：《三國志》，卷40，頁999。

79 王明珂：《反思史學與史學反思：文本與表徵分析》（臺北：允晨文化實業公司，2015年），頁171。

述，關注在小說文本「為何這麼寫」，[80]而非「寫了甚麼」。以趙雲人物形象為切入點，出入文史邊界，進而探求新的詮釋可能。藉由細部的文本分析，指出《三國志演義》實以諸葛亮為第一主角，而在此一撰寫原則、目的的引導下，導致了周瑜、龐統等人物，便為了陪襯諸葛亮，而在小說中的人物形象遭到弱化。而目前的研究，大抵也僅關注到「身受其害」的周瑜、龐統等人，在此研究基礎上，本章進一步將研究視角聚焦在「身蒙其利」的趙雲之上。

誠如本章所論，若以小說中五虎將與諸葛亮之間的交涉關係、接受指令的比例為切入點，觀察、統計後可以發現，諸葛亮與趙雲的配合比例是最高的。整體比例高達六成，若僅關注諸葛亮登場後，比例更是高達九成，次一名的黃忠，其比例也才約莫四成。除了量化的統計數字，於「錦囊妙計」、「遺詔託孤」等情節的安排，也能見其端倪。小說在強化、提升諸葛亮人物形象的同時，趙雲也被連帶提升。諸葛亮於帳中運籌帷幄、決勝千里，是文、智的完美代表，趙雲則於戰場上成了諸葛亮的化身，貫徹執行其意志與指令，是武、勇的完美詮釋。

也必須再強調，本章並未否認傳統研究所指出的，趙雲本身諸多的「完美」特質。正因趙雲在《雲別傳》中留下了許多正面史料，加之其與五虎將的其他四人相比，歷史框架的限制較少，是以小說在人物形象與歷史限制的綜合考量下，趙雲成了與諸葛亮最好的搭配，如三條錦囊妙計便是其例。《三國志演義》作為講史小說，在歷史框

---

80 西方詮釋學中對於作者意圖的考索，於此頗堪參照，參〔美〕霍伊著，陳玉蓉譯：《批評的循環》（臺北：南方叢書出版社，1988年）。西方史學家柯靈烏與懷特，對於歷史文本的諸多看法，也有許多值得借鑑的地方，參〔美〕海登・懷特著，陳永國、張萬娟譯：《後現代歷史敘事學》（北京：中國社科院出版社，2003年）。〔英〕柯靈烏著，陳明福譯：《柯靈烏自傳》（臺北：故鄉出版社，1985年）。

架、人物形象的諸多條件限制下，必須在現有的選擇中，為凸顯其主要藝術目標，而強化或弱化原本史傳中的人物形象，本書將此現象名之為「抑揚結構」。而趙雲正是因為執行諸葛亮的指令，而有了更多的出場機會與正面戰果，人物也因此而被強化。或許，除本章所論的諸葛亮、趙雲（周瑜、龐統）之外，關羽與張遼、徐晃，曹操與袁紹、袁術等人物間的關係，也都是日後可以繼續開展的研究課題。

第五章
聖俗之間
——《關帝歷代顯聖志傳》的歷史敘事與擬史筆法*

一　前言

　　《關帝歷代顯聖志傳》，此書約刊刻於明崇禎三年（西元1630年）至崇禎十七年（西元1644年）間，作者不詳，僅知為「穆氏編輯」。[1]今存明孤刊本，藏於中國國家圖書館，並有上海古籍出版社《古本小說集成》影本行於世。全書以白話章回小說的形式呈現，共四卷三十五回，然其中兩回有目無篇，一回有文無目，而書題《關帝歷代顯聖志傳》，但內頁、版心又題《關帝英烈神武志傳》、《關帝英烈神武傳》、《關帝神武志傳》，大抵也反映出明末閩本刊刻較為粗疏的現象。是書主要記載關羽死後成神，護佑百姓、顯聖大能的各種故事，而此些故事也都見於《關帝全書》等書目之中，是以向來被學界視為關帝信仰下的善書，也就是信徒崇信的顯聖事蹟紀錄。目前學界對其較為深入的研究，僅有劉海燕先生〈《關帝歷代顯聖志傳》中的關羽形象與敘事策略〉一篇。[2]此文主要有兩個貢獻，一是考察《關帝歷代顯聖

*　本章原發表於《東華漢學》第39期（2024年6月），頁175-206。

1　〔明〕不著撰人：《關帝歷代顯聖志傳》（上海：上海古籍出版社，1990年），頁1。後文徵引皆為此本，故予減省、僅著書名。

2　後收入劉海燕：《從民間到經典——關羽形象與觀與崇拜生成演變史論》（臺北：萬卷樓圖書公司，2019年），頁165-172。案，該文收入是書第六章第二節，「《關帝歷代顯聖志傳》中的關羽形象」，內容亦有增補修改。

志傳》故事，發現全書不到十回未能找到相應的本事，其餘皆有出現
在廟記碑文或文人筆記之中。但此些記載都是簡短精煉的故事，《關
帝歷代顯聖志傳》則有大幅度的增刪潤飾與情節渲染，行文更為文雅、
並加入詩歌韻文，整體形式更接近話本小說。可為補充者，林桂如先
生認為《關帝歷代顯聖志傳》中，〈法雲寺木刀斬僧〉當改寫自《廉
明公案》中的〈康總兵救出威逼〉。[3]曾世豪先生認為〈嘉餘常州三殺
賊〉開篇敘述倭患的發生，當抄錄自《戚南塘剿平倭寇志傳》中的
〈羅龍紋說汪五峰〉，連插圖也有模仿之處。[4]是以在廟記碑文或文人
筆記外，小說間的轉抄也很可能是《關帝歷代顯聖志傳》的內容來
源。二則劉海燕先生亦就書中關帝形象略作爬梳，以敘述性的方式指
出關帝為全能大神的整體形象，有護國祐民、除去奸佞等職能。故依
目前學界的研究成果言之，《關帝歷代顯聖志傳》確實仍有很大的研
究開拓空間。

　　關帝信仰相關研究汗牛充棟、名家輩出，礙於篇幅，與此也僅能
略舉其要者。中文學界較早期的研究成果，當屬黃華節先生《關公的
人格與神格》，[5]是書梳理了關公神格化的過程與特色。俄羅斯學者李
福清先生《關公傳說與《三國演義》》，[6]大量蒐集、考察關公的民間
傳說。洪淑苓先生《關公民間造型之研究：以關公傳說為重心的考
察》，[7]以「民間造型」為主題，綰合戲曲、小說、傳說與神蹟等各種

3　林桂如：〈書業與獄訟——從晚明出版文化論余象斗公案小說的編纂過程與創作意
　　圖〉，《中國文哲研究集刊》第39期（2011年9月），頁29。
4　曾世豪：《明清小說倭患書寫之研究》（臺北：萬卷樓圖書公司，2020年），頁273-
　　274。
5　黃華節：《關公的人格與神格》（臺北：臺灣商務印書館，1966年）。
6　〔俄〕李福清（Борис Львович Рифтин）：《關公傳說與《三國演義》》（臺北：雲龍
　　出版社，1997年）。
7　洪淑苓：《關公民間造型之研究：以關公傳說為重心的考察》（臺北：國立臺灣大學
　　出版中心，1995年）。

資料，推進了對關帝信仰的研究。王志宇先生《臺灣的恩主公信仰：儒宗神教與飛鸞勸化》，[8]關帝正是鸞堂信仰中最重要的恩主公，此研究對於臺灣地區的關帝信仰，確實有極佳的輔翼效果。而同是聚焦於臺灣地區的關帝研究，王見川先生的研究[9]可說最為重要，亦是目前參考性較佳的研究成果。游子安先生則是對關帝善書此一主題有較深入的研究。[10]

　　而前文述及的劉海燕先生《從民間到經典——關羽形象與觀與崇拜生成演變史論》，對於關羽形象的變化軌跡與關羽崇拜的現象，也有條理分明的考索，成果可觀。田海先生《關羽：由凡入神的歷史與想像》[11]則是較新的研究成果，在既有的主題上，往往能提出細緻而獨到的觀察。而此書也對關帝信仰的研究情形，作了精要的梳理與評價，並納入國際漢學界的研究成果，可為參考。[12]謝政修先生《聖傳、聖訓與聖蹟：清代關聖帝君「全書」刊行之意義與信仰內涵》，[13]則對關帝全書之編纂、意義與質性，提出了整體性的研究觀察。再如

8　王志宇：《臺灣的恩主公信仰：儒宗神教與飛鸞勸化》（臺北：文津出版社，1997年）。

9　王見川：《漢人宗教、民間信仰與預言書的探索：王見川自選集》（新北：博揚文化事業公司，2008年）。是書收錄〈清代皇帝與關帝信仰的「儒家化」：兼談「文衡聖帝」的由來〉、〈臺灣「關帝當玉皇」傳說的由來〉、〈「關公大戰蚩尤」傳說之考察〉三篇與關帝信仰相關之文章，前兩篇十分具有啟發性。

10　游子安：〈敷化宇內：清代以來關帝善書及其信仰的傳播〉，《中國文化研究所學報》第50期（2010年1月），頁219-253。亦可參游子安：《勸化金箴——清代善書研究》（天津：天津人民出版社，1999年）。

11　〔荷〕田海（Barend J. ter Haar.）著，王健等譯，王健校：《關羽：由凡入神的歷史與想像》（*Guan Yu: The Religious Afterlife of a Failed Hero*）（北京：新星出版社，2022年）。

12　〔荷〕田海著，王健等譯，王健校：《關羽：由凡入神的歷史與想像》，頁11-15。

13　謝政修：《聖傳、聖訓與聖蹟：清代關聖帝君「全書」刊行之意義與信仰內涵》（臺北：國立臺灣大學中國文學系博士論文，2021年）。

《關羽、關公和關聖：中國歷史文化中的關羽學術研討會論文集》、[14]《關帝信仰與現代社會論文集》[15]等論文集，也都有關帝信仰研究的重要篇章收錄其中。其中大概以胡小偉先生的研究最具代表性，數量亦是最豐，如〈關公信仰與大中華文化〉等，便是代表。[16]

關帝信仰的興盛，不管是在學術研究或是民間社會上，都當是無庸置疑的現象。而本章立基在關帝信仰豐碩的研究成果上，進一步對目前尚為人所忽略的《關帝歷代顯聖志傳》開展研究，相信亦能對蔚為大觀的關帝信仰研究，有所加深與拓展，略添螢光。以下便以「關帝歷代顯聖的『擬史建構』」、「關帝信仰與明朝守護神」兩節，依序次第論之。

二 關帝歷代顯聖的「擬史」建構

《關帝歷代顯聖志傳》所蒐羅的故事，元代胡琦《關王事跡》「靈異」一節已有收入數則，[17]誠如前引劉海燕先生、林桂如先生、曾世豪先生等人的研究成果，此些故事大多前有所承，成書相當駁雜。然《關帝歷代顯聖志傳》仍是以顯聖、靈感等宗教神秘體驗為書寫主軸、敘事重點，是以往往被視為「善書」，[18]於今也為《道藏集成》所

---

14 盧曉衡主編：《關羽、關公和關聖：中國歷史文化中的關羽學術研討會論文集》（北京：社會科學文獻出版社，2002年）。

15 蕭登福、林翠鳳主編：《關帝信仰與現代社會論文集》（臺北：宇河文化出版公司，2013年）。

16 胡小偉：〈關公信仰與大中華文化〉，收入〔日〕酒井忠夫等著，《民間信仰與社會生活》（上海：上海人民出版社，2011年），頁81-328。專書如胡小偉：《關公崇拜溯源》（太原：北嶽文藝出版社，2002年）亦可參。

17 〔元〕胡琦：《關王事跡》（北京：文物出版社，2015年，據明成化七年張寧刻本影印），卷4，不著頁碼。

18 清代張鎮《關帝志》則可與其對照。洪淑苓先生指出，張鎮《關帝志》強調關羽的

收錄。[19]但《關帝歷代顯聖志傳》篇首引錄關帝信仰相關的碑銘、廟記、楹聯，內文又不斷強調關帝顯聖的真實性，暫且先不論宗教信仰的神祕體驗，當是想要「如實記載」關帝歷代顯聖、靈驗之「歷史」。而其方式則是以歷史真實人物、事件為故事主體，於其中之縫隙插入關帝靈感、顯聖事蹟。《關帝歷代顯聖志傳》不錄作者，僅言「穆氏編輯」，也頗有效法司馬遷「余所謂述故事，整齊其世傳，非所謂作也」[20]之意，是以名之為「志傳」，具有「史傳」的敘事策略。[21]

　　但在體例上，是書將流傳廣泛的關帝顯聖事蹟重新編排，以白話章回小說的形式呈現，但卻十分粗糙。如第十四回「綠鰲城斬旦解賊圍」最末云「未知後事如何，且聽下回分解」，[22]但下一回「兩顯聖救沈氏父子」，與其並沒有情節上的關聯，上一回的故事實已完整結束，這樣的情況不斷出現。是以其雖是以章回小說的方式呈現，但實際上仍是各自獨立的歷代顯聖故事。於此可以注意，《三國志演義》小說在明代大受歡迎，廣為流傳，其中有一系列的版本便是以《三國志傳》為名。《關帝歷代顯聖志傳》於此採取白話章回小說的體例形式，或許也與此有所相關。

　　也確實，傳統將「稗官野史」稱之為小說，班固《漢書・藝文

人格精神，塑造其聖人、英雄形象，而減少靈驗事蹟的記載。參洪淑苓：〈文人視野下的關公信仰——以清代張鎮《關帝志》為例〉，《漢學研究集刊》第5期（2007年12月），頁139-166。

19 何建明、王見川、高萬桑：《道藏集成・第五輯：關帝卷》第32冊，（北京：中國書店出版社，2020年）。

20 〔西漢〕司馬遷著，〔南朝宋〕裴駰集解，〔唐〕司馬貞索隱，〔唐〕張守節正義：《史記》（北京：中華書局，2008年），卷130，〈太史公自序〉，頁3299-3300。

21 也因此，本章行文不用「作者」二字，而是用「是書」，也就是《關帝歷代顯聖志傳》此書、此一文本所呈現出的「歷史敘事」與「擬史筆法」。即便無關乎確實的作者意圖，相信仍無礙對於文本理解的深度開展。

22 《關帝歷代顯聖志傳》，頁110。

志‧諸子略》：

> 小說家者流，蓋出於稗官。街談巷語，道聽塗說者之所造也。
> 孔子曰：「雖小道，必有可觀者焉，致遠恐泥，是以君子弗為
> 也。」然亦弗滅也。閭里小知者之所及，亦使綴而不忘。如或
> 一言可采，此亦芻蕘狂夫之議也。[23]

劉知幾《史通‧雜述》亦論曰：

> 國史之任，記事記言，視聽不該，必有遺逸。於是好奇之士，
> 補其所亡；若何嶠《汲冢記年》、葛洪《西京雜記》、顧協《璝
> 語》、謝綽《拾遺》；此之謂逸事者也。街談巷議，時有可觀，
> 小說卮言，猶賢於已；故好事君子，無所棄諸；若劉義慶《世
> 說》、裴榮期《語林》，孔思尚《語錄》、陽松玠《談藪》；此之
> 謂瑣言者也。[24]

班固認為即便是「街談巷語，道聽塗說」，「亦弗滅也」，因為「或一
言可采」。劉知幾也是站在相同的史家立場，認為小說之為言，乃好
奇之士，補國史之所亡，「街談巷議，時有可觀」、「好事君子，無所
棄諸」。是以小說「奇傳」之作，多有「擬史」的文化傾向，實則也
是有跡可循：

---

23 〔東漢〕班固著，〔唐〕顏師古注：《漢書》（北京：中華書局，2005年），卷30，
〈藝文志〉，頁1745。

24 〔唐〕劉知幾著，〔清〕浦起龍釋，白玉崢校點：《史通通釋》（臺北：藝文印書
館，1978年），卷10，〈雜述〉，頁248。

其目的正是要為諸多奇人的奇聞、異事，留下一種傳記，一種
異於正史傳記觀的「奇傳」。這是擬史官的文化癖，仿擬史官
而可為三國人物、取經要角或宋江群盜。作「正統」之外的人
物評傳。由於擬史官，故自有另類史觀，就是採取稗官野史或
歷史演義，將其鋪張敷衍而自成一體，如此就可以在「正傳」
的史觀之外，另從「奇傳」的角度既傳其人亦記其事。[25]

本章於此，便是援引李豐楙先生「擬史官的文化癖」、「仿擬史官」之
說，而取「擬史」之稱，加以詮解、指稱《關帝歷代顯聖志傳》的敘
事策略，名之為「擬史筆法」。《關帝歷代顯聖志傳》在本質上是宗教
善書，但其以「擬史筆法」，加以建構關帝歷代的顯聖傳說的「歷史
敘事」，加之在體例上選擇以白話章回小說的形式呈現，使其整體面
貌似乎也十分接近於講史小說，[26]也因此為《古本小說集成》所收
錄。但其「歷史敘事」與「擬史筆法」，最終目的仍是為崇顯關帝的
大能，事涉顯聖、靈感等宗教神秘體驗，故《關帝歷代顯聖志傳》當
仍是以「善書」為最核心的質性。以下便以是書的記載內容，詳細析
論之。

　　《關帝歷代顯聖志傳》乃是以關羽兵敗身亡為敘事時間的起點，

---

25 李豐楙：〈暴力敘述與謫凡神話：中國敘事學的結構問題〉，《中國文哲研究通訊》，
　　第17卷第3期（2007年9月），頁148。
26 李志宏先生對「演義」的界義有二，一是根據經典或特定舊史見聞進行語言文字的
　　加工和推衍。二是以期達到釋經解事的目的。以此觀念檢視《關帝歷代顯聖志
　　傳》，則似乎也可視為「演義」體，然本章於此仍是以「擬史筆法」名之。相關討
　　論參李志宏：〈「演義」辯題〉，《「演義」──明代四大奇書敘事研究》（臺北：大安
　　出版社，2019年），頁43-55。李志宏：〈「話本」與「演義」的關係：以《《古今小
　　說》敘〉為討論中心〉，《中正漢學研究》第21期（2013年6月），頁127-158。李志
　　宏：〈「野史」與「演義」的關係：以「三言」、「二拍」為考察中心〉，《中正漢學研
　　究》第24期（2014年12月），頁127-157。

言孫權葬關羽於漳鄉,而傳首洛陽後,曹操亦以王侯禮葬,劉備則招魂葬關羽於成都城南萬里橋。陳壽《三國志》實則並無記載關羽葬於何處,[27]裴松之注引《吳歷》也僅言「權送羽首於曹公,以諸侯禮葬其屍骸。」[28]《關帝歷代顯聖志傳》便是在處理此一問題,漳鄉即關羽遇害之臨沮,洛陽則有前引《吳歷》可為旁證。而關羽終其一生雖未踏足成都,然既與劉備「寢則同牀,恩若兄弟」,[29]則劉備為其設衣冠塚,想也是情理之事。[30]關羽墓在何處,大概難以確切考證,[31]但可以理解相關討論是在關帝信仰興盛流行後的後起之事。《關帝歷代顯聖志傳》在第一回討論此一問題,除了反映出在文化上對於喪禮、墓葬的重視外,實則也有為關帝靈應事蹟,也就是後續記載增加說服力的功用:

> 帝祠遍天下,流萬世,所在靈應,然其墓則在此三處。後來靈應事蹟,具列於後。[32]

---

27 案,今存關漢卿〈關張雙赴西蜀夢〉雜劇一齣,敘述關張英魂托夢會見劉備故事。《關帝歷代顯聖志傳》此處載劉備招魂等敘述,雖不見載史傳,但或許也有可能源自如〈雙赴夢〉之類的民間敘事。關漢卿〈雙赴夢〉的相關研究可參劉靖之:《關漢卿三國故事雜劇研究》(香港:三聯書店香港分店,1987年),頁110-146。

28 〔晉〕陳壽著,〔南朝宋〕裴松之注:《三國志》(北京:中華書局,2003年),卷36,〈關羽傳〉,頁942。

29 〔晉〕陳壽著,〔南朝宋〕裴松之注:《三國志》,卷36,〈關羽傳〉,頁939。

30 〔北宋〕趙抃〈成都古今集記序〉:「關羽墓,今荷聖寺,闃然有榜焉。而仁顯者,孟蜀末僧也。作《華陽記》云:『墓在草場,廟在荷聖』。」而清代文獻如《四川通志》、《養吉齋餘錄》等,也有關羽成都衣冠塚的記載。引文參〔南宋〕扈仲榮、程遇孫:《成都文類》,卷23,頁11。收入〔清〕紀昀等纂,《文淵閣四庫全書》,迪志文化出版公司出版之《文淵閣四庫全書電子版(內聯網版)》,該系統使用臺灣商務印書館1986年出版之《景印文淵閣四庫全書》。

31 如李殿元、李紹先兩位先生便持保留態度。參李殿元、李紹先:《《三國演義》懸案解讀》(成都:四川人民出版社,2004年),頁217-219。

32 《關帝歷代顯聖志傳》,頁8。

靈應事蹟或許只能口耳相傳，但關羽墓塚卻是可見可視、確切存在的。而此種由「實在」的墓葬寫起，便也能在一定程度上增加文本的歷史感與可信度。

到了第二回「當陽靈建玉泉剎」，描寫關羽如何以其神力幫助智顗大師建廟，其事本於唐代董侹〈荊南節度使江陵尹裴公重修玉泉關廟記〉：

> 先是陳光大中智顗禪師者，至自天台，宴坐喬木之下，夜分忽與神遇，云願捨此地為僧坊，請師出山，以觀其用。指期之夕，前壑震動，風號雷虩，前劈巨嶺，下堙澄潭，良材叢木，周匝其上，輪奐之用，則無乏焉。[33]

玉泉寺修建傳說，在關帝信仰中有著相當關鍵的重要性。[34]現在一般也認為，《演義》小說中，玉泉山關公顯聖、普淨度化的情節，[35]大抵是由此而來。《關帝歷代顯聖志傳》於此則有如斯敘述：

> 《三國演義》中云，帝於吳所殺，與子平至玉泉山，求普靜和尚安頭，後為此山伽藍之說，不本藏記誤也。[36]

《演義》小說因敘事時間限制，必須讓關帝玉泉山顯聖的時間在三國

---

33 〔清〕董誥：《全唐文》（北京：中華書局，1983年），卷684，〈荊南節度使江陵尹裴公重修玉泉關廟記〉，頁7001。

34 〔荷〕田海著，王健等譯：《關羽：由凡入神的歷史與想像》，頁34-44。

35 〔明〕羅貫中原著，吳小林校注：《三國演義校注》（臺北：里仁書局，1994年），第77回，頁869-870。

36 《關帝歷代顯聖志傳》，頁17-18。

關羽身亡之際,是以敷衍出普淨和尚[37]此一角色。然《關帝歷代顯聖志傳》則以此攻擊《演義》,言其為「不本藏記誤也」。《三國志演義》於明末之時,已十分受歡迎,目前留存的明代刊本便已高達三十餘種。這樣的敘事手法,一方面將小說視為需要辨別真實性的「歷史」,另一方面也是在提高本身敘事的可信度,與前一回對於關羽墓葬的「考證」,有著相同的作用。都能藉由模擬史書載記的敘事模式,進一步提高本身故事的可信度與真實性。

　　而關帝信仰與佛、道兩教結合的關鍵事件,於佛教為前述智顗大師的玉泉寺修建傳說。於道教則是於北宋真宗時受當時的張天師[38]委託,在鹽池斬蚩尤,書中第三回便是敘述此一事件。換言之《關帝歷代顯聖志傳》看似粗糙,「故事之間沒有情節上的關聯」,[39]但於此前三回的編排,便已提綱挈領的將關帝由人而神的過程、關鍵事件,解釋清楚。且在白話章回小說的形式下,《關帝歷代顯聖志傳》仍有其明確的順時性時間序列,依每回故事的發生時間,可整理如下表:

	卷首目錄	內文篇目	故事發生時間
1	吳魏人葬祀侯靈	吳魏人葬祀壽亭侯	三國時期
2	當陽靈建玉泉剎	當陽靈建玉泉剎	隋開皇十二年（西元592年）
3	解州大破蚩尤神	觧州大破蚩尤神	宋徽宗崇寧元年（西元1102年）

---

37 「普淨」、「普靜」二種寫法於《演義》小說各版本中常有置換,但當以普淨為是。此處引文保留《關帝歷代顯聖志傳》的「普靜」原貌,然行文時仍使用「普淨」。

38 書中寫為「虛靜真人」,即為三十代天師張繼先,乃北宋期間確立龍虎山道教權威的中興之祖。相關研究可參高振宏:〈虛靖天師傳說研究——筆記、小說與道經的綜合考察〉,《政大中文學報》第23期（2015年6月）,頁131-170。

39 張麗娟先生《關帝歷代顯聖志傳》前言。

第五章 聖俗之間──《關帝歷代顯聖志傳》的歷史敘事與擬史筆法 ❖ 135

	卷首目錄	內文篇目	故事發生時間
4	元城書上李侍郎	元城縣書上李侍郎	宋宣和壬寅年 （西元1122年）
5	關王廟金氏化狗	刑州逆婦殿下化狗	宋宣和年間 （西元1119年－1125年）
6	延慶寺助誅淫僧	延慶寺顯聖誅淫僧	元至正年間 （西元1341年－1370年）
7	皇覺寺筶決天心	皇覺寺筊占[40]決天心	元至正上， 太祖高皇帝年十七 （西元1345年） 至正壬辰年（西元1352年）
8	南海帶保兒還鄉	南海帶于保兒還鄉	洪武丁卯年三月二十三日 （西元1387年）
9	鸞筆指示襄敏公	鸞筆指示襄敏公	宣德七年 （西元1432年）
10	丹救賈一鶚父母	燕南丹救賈一鶚父母	嘉靖壬子年 （西元1552年）
11	場中兩助張翰林	鄉會場默助張翰林	嘉靖丁未年 （西元1547年）
12	嘉餘常州三殺賊	嘉餘常州三殺賊	嘉靖乙卯年 （西元1555年）
13	松溪縣顯身殺倭	（有目無文）	
14	綠鰲城斬妖殺賊	綠鰲城斬旦解賊圍	嘉靖三十四年 （西元1555年）
15	顯聖救沈鍊一門	兩顯聖救沈氏父子	
16	怒責蘇中丞題扁	（有目無文）	

---

40 此字難以辨識，觀內文脈絡當為擲筊、占卜之意，故以「占」字表示。

	卷首目錄	內文篇目	故事發生時間
17	傍水崖助民誅虜	傍水崖助官民誅虜	嘉靖四十五年閏十月壬辰 （西元1566年）
18	桃源救堯文還魂	桃源救張堯文還魂	隆慶間 （西元1567年－1572年）
19	爐下書授浦兄弟	爐下書授浦氏伯仲	
20	廣平顯身救大水	廣平城擊妖救水災	隆慶間 （西元1567年－1572年）
21	彭湖港丹山擒倭	彭湖港助丹山擒賊	隆慶間 （西元1567年－1572年）
22	酒樓現身捉三怨	酒樓顯聖捉柯三怨	
23	法雲寺木刀斬僧	法雲寺斬僧救磐石	
24	兩救崔景榮塚宰	兩救助崔景榮塚宰	萬曆間 （西元1559年－1631年）
25	籤沮張江陵密謀	沮張相奸謀高閣老	萬曆元年癸酉正月十九日 （西元1573年）
26	福清神像斬山魈	福清縣神像斬山魈	
27	西昌告郭侯平播	西昌告郭中丞平播	萬曆二十七年己亥二月 （西元1599年）
28	怒責蹇中丞褻神	怒責蹇公媒慢神像	
29	彭湖氣魚殺紅夷	彭湖降氣魚殺紅夷	萬曆癸巳年 （西元1593年）
30	（有文無目）	丁丑冬默佑吳編修	萬曆丁丑年十月 （西元1577年）
31	秀水兩救張孝廉	秀水縣兩救張孝廉	萬曆辛卯年中秋 （西元1591年）
32	潞河率龍神救船	潞河率龍神救客船	萬曆十四年 （西元1586年）

	卷首目錄	內文篇目	故事發生時間
33	虎丘寺雷擊周滔	虎丘山遣雷擊周滔	
34	與文學議易春秋	與文學議易春秋旨	萬曆四十二年 （西元1614年）
35	兩朝大加賜封號	兩朝加勅賜封號	天啟四年六月十二日 （西元1624年）

由表格的整理可以發現，《關帝歷代顯聖志傳》的故事時間，整體由三國、唐、宋以降乃至明朝，確實有照時間先後順序排列。而且故事主要集中在有明一朝，以年號如嘉靖、隆慶、萬曆等，為明確前後區分。《關帝歷代顯聖志傳》在敘述故事之時，往往會先詳述時間與地點，使其有若史傳書寫、「確有其事」。雖然萬曆年間的故事可能也因時代相近，故有前後次序的不準確，但整體而言已足可判斷《關帝歷代顯聖志傳》的編排乃是有其內在邏輯，主要是以時間順序為最主要的考量。

　　《關帝歷代顯聖志傳》中的故事角色，也多有歷史上真實存在、可資考證的人物。全書有文的三十三回中，共有十五回的故事角色於歷史確切可考，而其中十四回的故事背景皆發生在明代，另一回則在宋代。[41]如第十一回「場中兩助張翰林」，描寫張春因移除關王神像耳內的蜂巢，而在考場上獲得庇佑，文中明確點出為嘉靖年間丁未年進士，後被選入翰林：「丁未會試亦然，殿試及第，春官翰林」。[42]對照《明實錄‧世宗肅皇帝實錄》，可知為實存的歷史人物，張春榜眼及

---

41 第4回李若水，第7回朱元璋，第9回王越，第10回賈一鶚，第11回張春，第12回胡宗憲、趙文華，第15回沈鍊，第17回張臣，第18回張克文、張堯文，第24回崔景榮、魏忠賢，第25回高拱、馮保，第27回郭子章、楊應龍，第28回寒達，第30回吳中行，第34回李光縉。其中第4回為宋代，其餘皆是明代人物。

42 《關帝歷代顯聖志傳》，頁85。

第的時間也確實為嘉靖二十六年，丁未年（西元1547年）。[43]第十二回
「嘉餘常州三殺賊」，寫嘉靖乙卯年（西元1555），汪五峰、徐碧溪叛
亂，據海島，與倭寇聯合，賊勢猖狂。[44]而後趙文華、胡宗憲等人因
受關帝庇佑，方能力克海寇：

> 忽聽見空中有人曰：「明日可出兵擒賊，我當助汝破之。」趙
> 文華出望天上，見關帝儀容，望空拜禮。軍中多聞之者。及復
> 上座，只見燭中火焰，高騰尺餘，劍鞘並並自響，旌旗整整自
> 動。文華公喜曰：「關聖肯佑，何愁不勝。」[45]

而汪五峰、徐碧溪、趙文華、胡宗憲等相關人物皆是於史可考，《明
史紀事本末‧沿海倭亂》：

> 二十五年，倭寇甯、台……並海民生計困迫者糾引之，失職衣
> 冠士及不得志生儒亦皆與通，為之鄉導，時時寇沿海諸郡縣。
> 如汪五峰、徐碧溪、毛海峰之徒皆華人，僭稱王號。而其宗族
> 妻子田廬，皆在籍無恙，莫敢誰何……論平倭功，加文華少
> 保，宗憲右都御史，各任一子錦衣千戶，餘陞賞有差。[46]

且若按《明史》記載，趙文華為嚴嵩黨人，且獨攬平倭戰功，史臣直

---

43 中央研究院歷史語言研究所校勘：《明實錄‧世宗肅皇帝實錄》第121冊（臺北：中
   央研究院歷史語言研究所，1966年），卷321，〈嘉靖二十六年三月〉，頁5970。

44 《關帝歷代顯聖志傳》，頁87-92。

45 《關帝歷代顯聖志傳》，頁92-93。

46 〔清〕谷應泰：《明史紀事本末》（臺北：三民書局，1969年），卷55，〈沿海倭
   亂〉，頁589、600。

斥為奸臣，最終落得「一夕手捫其腹，腹裂，臟腑出」而死。[47]平倭功臣實為胡宗憲：「文華素不知兵，亦倚宗憲，兩人交甚歡。已而宗憲平徐海，俘陳東，文華以大捷聞，歸功上玄。」[48]然胡宗憲亦因「多權術，喜功名。因文華結嚴嵩父子，歲遺金帛子女珍奇淫巧無數」，最後坐連嚴嵩之敗，瘐死獄中。[49]《關帝歷代顯聖志傳》於本回中，則是將趙文華描寫成謙虛、虔誠的關帝信徒，將一切戰功歸於關帝護佑，並於嘉興為關帝建廟，崇祀以謝神恩。而胡宗憲能剿滅倭寇，也是因為關帝顯聖，靈感滅賊。兩者雖與史傳中的形象並不相同，然平定東南沿海倭亂，則是有之。[50]也確實，若要能獲關帝護佑，則其人物形象自當以忠臣義士為理想，故會有此改寫。而這也正是《關帝歷代顯聖志傳》的「擬史筆法」和史傳的歷史書寫不同之處，《關帝歷代顯聖志傳》其書寫目的不在如實記載事件，而是崇信關帝，此也是其善書的本質。

　　再如第十五回「顯聖救沈鍊一門」，《明史》本傳稱其「為人剛直，嫉惡如讎」，因上疏彈劾嚴嵩，遭杖刑數十、謫佃保安。然即便流放在外，仍「日相與罵嵩父子為常。且縛草為人，象李林甫、秦檜及嵩，醉則聚子弟攢射之」。後被嚴嵩黨人楊順、路楷，誣陷為白蓮教人，而於嘉靖三十六年（西元1557年）遭斬首。沈鍊三子，袞、褒亦遭杖殺，唯沈襄得免。明穆宗隆慶初年（西元1567年），時嚴嵩已敗，沈襄乃上書為沈鍊平反，天啟初年（西元1621年），再得諡為忠

47　〔清〕張廷玉等撰：《明史》（北京：中華書局，2012年），卷308，〈趙文華傳〉，頁7924。

48　〔清〕張廷玉等撰：《明史》，卷308，〈趙文華傳〉，頁7923。

49　〔清〕張廷玉等撰：《明史》，卷205，〈胡宗憲傳〉，頁5415。

50　是書中對於東南沿海倭亂，乃至澎湖等地，多有描述，如第21回「彭湖港丹山擒倭」、第29回「彭湖降氣魚殺紅夷」等等。此一現象是與刊刻地點相關，抑或是與關帝信仰流布區域更為密切，或許也可待日後另文研究。

慭。[51]《關帝歷代顯聖志傳》則是寫沈鍊在讀完諸葛武侯〈出師〉二表的「鞠躬盡瘁，死而後已」，[52]關帝〈辭曹書〉的「在天之上，普照萬方；心在人之內，以表丹誠。夫道之在天者日也，其在人者心也。心常在則名不朽，而氣若生」，[53]便起心動念要上疏彈劾嚴嵩。而後本是流放邊疆時，關帝又託夢當地舍人賈石，[54]命其照顧「忠直人」沈鍊。最後一家罹禍之時，沈襄本也在劫難逃，乃關帝顯聖方能得免：

> 我朝國法，凡囚死，例給飯與食。一日將擬殺，獄吏把飯來與沈公子吃，襄自知將欲殺己，但強飯待斃而已。忽然聞得一陣香風，頭上彩雲歷亂，關聖雲中語曰：「我漢壽亭侯關某，沈襄汝忠義之子，故來救汝。汝不死當即得釋。」獄眾皆聽得關聖吩咐，無不駭異。[55]

第一點，《關帝歷代顯聖志傳》於此扣合的便是沈鍊「忠義」的人物形象，是以關帝方會顯聖救「忠義之子」沈襄。第二點，既然《關帝歷代顯聖志傳》選擇了真實歷史的人物、事件，而有「擬史」性質的書寫，是則其也如《三國志演義》此種講史小說一般，有不可違背的「歷史記載事實」存在。是以關帝即便大能、靈感，也不能改寫沈鍊

51　〔清〕張廷玉等撰：《明史》，卷209，〈沈鍊傳〉，頁5533-5535。

52　此段故事亦見於馮夢龍《喻世明言》，題為〈沈小霞相會出師表〉，其中完全沒有關帝的相關記載。《關帝歷代顯聖志傳》成書時間不會早於崇禎三年（西元1630年），而《喻世明言》初版刊刻約在西元1621年左右。故推測關羽〈辭曹書〉等文字當是於後加入的，並仍保留了諸葛亮〈出師表〉的段落。否則以《關帝歷代顯聖志傳》的質性言之，實則不需要特別提及諸葛亮〈出師表〉。

53　《關帝歷代顯聖志傳》，頁111。

54　《明史》本傳中為「賈人某」，乃指商人，《關帝歷代顯聖志傳》則轉化為「賈石」，做姓氏理解。

55　《關帝歷代顯聖志傳》，頁123。

被誣殺的歷史事實。只能在沈襄存活的前提下，加入關帝顯聖救助的情節描寫。並於後以補償讀者心理的方式，寫楊順、路楷旋即伏誅、即日腰斬，正史上則是相隔十年後方才沉冤得雪。而除了妻子召還原籍、給還財產外，《關帝歷代顯聖志傳》亦寫沈襄代父伸冤、准作恩貢，此點史傳亦是無書。要而言之，《關帝歷代顯聖志傳》以「擬史」的方式書寫，一方面在敘事策略上能讓關帝顯聖的事蹟有更高的「真實性」。但另一方面在具體人事物的「歷史」限制下，即便是關帝顯聖此種靈感、信仰的事蹟，也只能在歷史的際縫中，有所增補與改寫。以此則「顯聖救沈鍊一門」故事為例，在某種程度上或許便是以歷史真實為優先，而對關帝大能的描寫有所節制。

　　第十七回「傍水崖助民誅虜」則是寫「關聖在雲中為前導」，[56]助張臣征討外虜。張臣是明朝中葉名將，《明史》稱其「驍捷精悍，搏戰好陷堅」、「臣更歷四鎮，名著塞垣，為一時良將」。[57]第二十四回「兩救崔景榮塚宰」，崔景榮《明史》有傳，前述沈鍊是彈劾奸臣嚴嵩，崔景榮則是對抗魏忠賢，對於魏忠賢的幾番邀約，皆是「力持不行，浸忤忠賢指」。並「申救楊漣、左光斗」等東林黨六君子，試圖「陰護東林」。[58]《關帝歷代顯聖志傳》則寫崔景榮幼時生病，藥石無救，甚為緊急。其父至關帝廟焚香化紙，虔誠祈禱，後關帝於夢中賜藥，解救了崔景榮。第二次則是萬曆壬午科，崔景榮應試時身體不適、悶倒場中，於是心中向關帝默禱，關帝便又顯聖襄助：「忽頭上見關真君道：『景榮打點精神，好心作文。』景榮舉眼看時，如夢忽醒，病已除去，精神倍加。」於後順利中試。隔年崔景榮至關帝廟參拜，並立誓「不敢行不義，殺不辜也」。[59]第二十七回「西昌告郭侯平

56　《關帝歷代顯聖志傳》，頁129。

57　〔清〕張廷玉等撰：《明史》，卷239，〈張臣傳〉，頁6205、6207。

58　〔清〕張廷玉等撰：《明史》，卷256，〈崔景榮傳〉，頁6606。

59　《關帝歷代顯聖志傳》，頁180。

播」，事件背景則是「萬曆三大征」之一的播州之役。[60]《明史・播州宣慰司傳》：

> 二十七年，貴州巡撫江東之令都司楊國柱部卒三千剿應龍，奪三百落。賊佯北，誘師殲焉，國柱等盡死。東之罷，以郭子章代，而起李化龍節制川、湖、貴州諸軍事，調東征諸將劉綎、麻貴、陳璘、董一元南征。時應龍乘大兵未集，勒兵犯綦江。[61]

《關帝歷代顯聖志傳》中也明寫事件時間為萬曆二十七年，而主要人物則集中描寫貴州巡撫郭子章、總兵劉綎與叛變土司楊應龍間的軍事衝突。《關帝歷代顯聖志傳》中描述郭子章夜夢關帝來訪，並明示破賊之日。而史傳中，播州之役以劉綎軍功最盛：「與諸將共平賊，綎功為多。」[62]書中便也是極寫其英勇、身先士卒，而關帝對其之顯聖襄助，則有二事：

> 劉將軍綎父保，曾夢得　關帝授刀法，至綎皆以大力名世……引賊兵迎敵，兩下交鋒，約三十合，焰見綎儼如　關帝模樣，駭曰：「此天神也。」力怯敗走，遂破楠木峒。
>
> 劉綎十五日驅兵上高嶺，只見盡是深林叢聚，鳥道蛇徑。綎心搖移，于馬前默祈帝靈，以所帶籤卜之，得四十籤云：「新來換得好規模，何用隨地步與趨。只聽耳邊消息到，崎嶇歷盡見

---

60 另兩次為蒙古哱拜叛亂的寧夏之役、日本豐臣秀吉入侵朝鮮的朝鮮之役。《明史・陳增傳》：「寧夏用兵，費帑金二百餘萬。其冬，朝鮮用兵，首尾八年，費帑金七百餘萬。二十七年，播州用兵，又費帑金二三百萬。三大征踵接，國用大匱。」參〔清〕張廷玉等撰：《明史》，卷305，〈陳增傳〉，頁7805。

61 〔清〕張廷玉等撰：《明史》，卷312，〈播州宣慰司傳〉，頁8047。

62 〔清〕張廷玉等撰：《明史》，卷247，〈劉綎傳〉，頁6394。

亨衢。」劉綖大喜，馬上得到一個老鄉引路，直抵楠木峒……
二十九日入婁山關，這是賊的前門，萬峰插天，只中通一線小
路。劉將軍傳令，從間道而進，則盡是懸崖峭壁，眾軍皆云不
可上。綖曰：「關真君之言，不可不信。爾等不見前所蹈諸峒、
婁山等處乎？」言未畢，忽半崖壁中，隱現有一大廟宇，峙於
其間。眾視之，門上有一金字匾額曰「關聖英烈祠」。劉將軍
曰：「上可立廟，獨不可往上？正籤所謂『只聽耳邊消息到，
崎嶇歷盡見亨衢。』」于是攀藤魚貫而上，廟隱沒不見。大兵
業已至。眾詫曰：「何常有廟，必神人引也。」遂毀柵入。[63]

此處關帝顯聖的方式，一是入夢傳授刀法，讓劉綖成為當世名將，
「儼如關帝模樣」。二是以關帝靈籤[64]為劉綖決疑，並在行軍過程中以
廟宇神蹟指引，令其「崎嶇歷盡見亨衢」。

　　整體而言，除第七回「皇覺寺筶決天心」的故事主角是朱元璋
外，《關帝歷代顯聖志傳》在引史實人物，以「擬史」建構關帝顯聖
的「歷史」之時，同時包括了文臣與武將，多是以託夢的方式指引，
而偶有籤詩等其他方式。對於武將的顯聖方式為在戰爭之時，給予指
引，庇佑其勝利；[65]對於文臣的顯聖，則為在考場幫助應試，並在政

63　《關帝歷代顯聖志傳》，頁204-207。

64　此籤即為「雷雨師一百籤」之第四十籤，當今臺灣關帝信仰籤詩多數亦皆使用「雷
　　雨師籤」。又黃聖松先生研究指出，關聖帝君籤詩乃以籤序天干配應八卦，再由八
　　卦所徵象之人、事、物等意象構成籤詩內容，相關研究成果可參。參黃聖松、陳展
　　松：〈以「干支配應八卦」理論建構臺灣關聖帝君籤詩析論〉，「籤詩文化國際學術
　　研討會」，（臺南：國立成功大學中國文學系，2021年11月5日）。

65　王見川先生認為，由《關帝歷代顯聖志傳》，明代中葉戚繼光的〈誓詞〉、萬曆後期
　　的《護國祐民伏魔寶卷》等資料，或許在隆慶、萬曆年間，關帝已成為軍中將領崇
　　拜的軍神。參王見川：〈軍神、協天大帝、關聖帝君：明中期以來的關公信仰〉，
　　《臺灣宗教研究通訊》第4期（2002年10月），頁263-279。

治鬥爭中，盡可能護佑其安危。然而對於文臣的選擇、故事建構，其
標準往往是人物道德正確、忠義性格的歷史事實，而不論其下場，如
沈鍊之冤死即為其例。武將的顯聖故事則不然，會聚焦在其戰勝的敘
事之上，而忽略乃至改寫其人物性格、史實經過。如劉綎依本傳記
載，個性驕恣、嗜殺，甚至因收賄，而為前文提及的崔景榮所彈劾：
「化龍、景榮並奏其事，詔革綎任，永不收錄，沒其物於官。」[66]但
《關帝歷代顯聖志傳》對此則是毫無描述、刻意忽略。前文所述，嚴
嵩黨人趙文華，更是改寫其奸臣形象，讓其成為虔誠信仰關帝，由爭
功諉過的昏官，進而成為剿平倭亂的好官。兩相對照下，其取捨便十
分明顯。

　　本章雖然試圖辨析《關帝歷代顯聖志傳》在「擬史筆法」與「歷
史敘事」之間的諸多細微脈絡，也提出了一些觀點。但或許對於此一
「善書」的當代讀者、受眾而言，此些關帝顯聖的傳說，其實就是真
實的「歷史事件」。本章史傳核實的研究方法，和宗教信仰的態度為
不同面向的思考。故本章的考證與研究，或許也能提供另一種對於
《關帝歷代顯聖志傳》善書質性的參考觀點。

三　關帝信仰與明朝守護神

　　《三國志》中，陳壽於關羽的人物形象塑造，大致緊扣三事：
一、武勇（刺顏良於萬眾、刮骨去毒、水淹七軍，威震華夏、萬人之
敵）。二、忠義（寢則同牀、恩若兄弟、誓以共死、封其所賜、拜書
告辭）。三、剛矜（省書大悅、以示賓客、護前、罵辱其使、剛而自
矜）。[67]關羽受人景仰，大抵正在其武勇與忠義，而剛矜的性格，則是

66　〔清〕張廷玉等撰：《明史》，卷247，〈劉綎傳〉，頁6394。
67　〔晉〕陳壽著，〔南朝宋〕裴松之注：《三國志》，卷36，〈關羽傳〉，頁939-942。

造成其失荊州、敗走麥城的主要原因。而在關帝信仰中，前兩者的形象大抵被保留，剛矜則被淡化。關羽在史傳中的形象，其實是沒有與斯文守護神直接相關的事蹟。然而關帝信仰流布的過程中，關羽與《春秋》的連結，[68]卻讓其成為了文士的守護神。[69]到了清代，其斯文之神的地位更是大幅拔升，《世宗憲皇帝硃批諭旨》：

> 關聖帝君
> 我朝自定鼎以來，即為特立廟宇。五月致祭，春秋致祭。及皇上御極，又為追封三代，設立博士。所以特致其尊隆者，蓋以關帝植綱常，扶名教，立人倫之至，故不惟不欲與名賢碩士其他神明等量齊觀，直欲與至聖先師孔子尊崇如一。[70]

其實早在康熙二十四年議准、五十八年題准禮部，以山西、洛陽關氏後裔世襲五經博士，即為引文所言「皇上御極，又為追封三代，設立博士」。雍正時更擴大其榮寵，除再封荊州關氏後裔為五經博士外，直以「關帝植綱常，扶名教，立人倫之至」，而欲與「至聖先師孔子尊崇如一」，乃至成為文衡聖帝、文昌帝君。[71]

　　而這些關帝形象，在《關帝歷代顯聖志傳》皆是有所呈現，劉海

68　《三國志‧吳書‧呂蒙傳》裴松之注引《江表傳》：「斯人長而好學，讀《左傳》略皆上口。」參〔晉〕陳壽著，〔南朝宋〕裴松之注：《三國志》，卷54，〈呂蒙傳〉，頁1274。

69　田海先生認為大約在十六世紀晚期，亦即明中葉以後，便以基本成形。參〔荷〕田海著，王健等譯，王健校：《關羽：由凡入神的歷史與想像》，〈斯文之神〉，頁236-266。

70　〔清〕愛新覺羅‧胤禛：《世宗憲皇帝硃批諭旨》，收入〔清〕紀昀等纂：《景印文淵閣四庫全書》（臺北：臺灣商務印書館，1986年），卷161，頁13。

71　王見川：〈清代皇帝與關帝信仰的「儒家化」：兼談「文衡聖帝」的由來〉，《北臺灣科技學院通識學報》第4期（2008年6月），頁26-35。

燕先生也已有初步考論。就結論言,《關帝歷代顯聖志傳》的關帝形
象,與大傳統並無二致,如以洪淑苓先生的研究為參照,關帝神蹟傳
說的類型有兵事、救災、科考、獎善、懲惡、治病去邪穢、神像靈異
與其他等七類,[72]於書中都能找到相應的回目故事,以下各舉一例以
為代表。兵事:第十七回「傍水崖助民誅虜」、救災:第三十二回
「潞河率龍神救船」、科考:第十一回「場中兩助張翰林」、獎善:第
八回「南海帶保兒還鄉」、懲惡:第五回「關王廟金氏化狗」、治病去
邪穢:第十八回「桃源救堯文還魂」、神像靈異與其他:第二十六回
「福清神像斬山魈」。

但在這些共通的形象之外,《關帝歷代顯聖志傳》仍是有其獨特
之處。是書成書的時間在崇禎三年(西元1630年)之後,於時明朝國
勢已是風雨飄搖,內部除東林黨和閹黨相互攻擊,更是天災頻仍、乃
至百姓相食。而西元一六一六年後金汗國便已成立,於後不斷侵逼明
朝。最終,西元一六四四年,李自成攻入北京,明思宗便在煤山自
經。或許也肇因於這樣的外在環境,《關帝歷代顯聖志傳》對於關帝
顯聖事蹟的選取與塑造,似乎也有意將其與明朝正統性相結合,讓關
帝搖身成為明朝的守護神。如第七回「皇覺寺筶決天心」,先是敘寫
朱元璋微時受關帝護佑,逃難路上生病亦有神靈服侍。三年後回到皇
覺寺,前途茫茫,不知如何決斷,故在關帝神像前擲筶問事:

> 乃視於關王伽藍之前,以竹筶占卜吉凶,曰:「若宜出境避
> 難,則以陽筶報我,若只許我守寺,則以陰筶報我。」祝訖,
> 擲下,卻是一陰一陽。復擲,又一陰一陽。如此連擲三四遍,
> 終不改筶。復祝曰:「出不許,入不許。神其欲我從戎而後倡

---

72 洪淑苓:《關公民間造型之研究:以關公傳說為重心的考察》,頁299-368。

乎？」曁之再擲一筊，筊卓立。上知神意有在，乃歸滁。時至
正壬辰年閏三月也，自是　皇帝萬萬年。[73]

這樣的記載，等於將明朝的創立，歸功於關帝的庇佑與旨意，關帝也
隱然成為了明朝的守護神。但若以趙翼《陔餘叢考‧關壯繆》的敘
述、考證言之：

> 鬼神之享血食，其盛衰久暫，亦若有運數而不可意料者。凡人
> 之歿而為神，大概初歿之數百年則靈著顯赫，久則漸替。獨關
> 壯繆在三國、六朝、唐、宋皆未有禋祀。考之史志，宋徽宗始
> 封為忠惠公。大觀二年，加封武安王。高宗建炎二年，加壯繆
> 武安王。孝宗淳熙十四年，加英濟王，祭於荊門當陽縣之廟。
> 元文宗天歷元年，加封顯靈威勇武安英濟王。明洪武中，復侯
> 原封。萬歷二十二年，因道士張通元之請，進爵為帝，廟曰英
> 烈。四十二年，又勒封三界伏魔大帝神威遠鎮天尊關聖帝君，
> 又封夫人為九靈懿德武肅英皇后，子平為竭忠王，興為顯忠
> 王，周倉為威靈惠勇公。賜以左丞相一員，為宋陸秀夫，右丞
> 相一員，為張世傑。其道壇之三界戬魔元帥，則以宋岳飛代。
> 其佛寺伽藍，則以唐尉遲恭代。劉若愚《蕪史》云太監林朝所
> 請也。繼又崇為武廟，與孔廟並祀。本朝順治九年，加封忠義
> 神武關聖大帝。今且南極嶺表，北極塞垣，凡兒童婦女，無有
> 不震其威靈者，香火之盛，將與天地同不朽。何其寂寥於前，
> 而顯爍於後，豈鬼神之衰旺亦有數耶？[74]

73　《關帝歷代顯聖志傳》，頁58。
74　〔清〕趙翼著，曹光甫校點：《陔餘叢考》（上海：上海古籍出版社，2011年），卷
　　35，〈關壯繆〉，頁685。

則有明一朝，對於關帝的加封與推崇，要到萬曆年間，意即明朝中後期，方才日隆，明初之際實是相對消沉的，在明太祖洪武年間，是「復侯原封」，將關帝由王復封為侯。以此點觀之，「皇覺寺筶決天心」當也是後起的敘述。而北宋徽宗時期對於關帝的推崇與封賜，論者認為可能是在江山危殆之際，想要「激勵抗金」，故強調其忠義與武勇。[75]

此一說法若以《關帝歷代顯聖志傳》的故事編選看來，或許是有幾分道理的。第四回「元城書上李侍郎」，李侍郎即李若水。李若水被收在《宋史・忠義傳》中，靖康二年（西元1127年）隨宋欽宗至金，期間不肯投降、忠心護主，痛罵敵營。如金人欲脫去宋欽宗龍袍，李若水皆奮力阻止，最終被害：「監軍者擿破其唇，嚼血罵愈切，至以刃裂頸斷舌而死，年三十五……高宗即位，下詔曰：『若水忠義之節，無與比倫，達於朕聞，為之涕泣。』」[76]而書中，關帝顯聖的方式是在宣和壬寅年（西元1122年）時，命人託書於李若水，而其中便已預言了五年後的靖康之難。這樣的敘事結構十分有趣，關帝此時的顯聖，固是大能的展現，但對李若水而言，是避或不避？若避，則無法成其忠義之節，若不避，則此一顯聖事蹟的意義何在？但此一故事的選擇，同樣是在歷史與擬史之間游移，而在敘事策略上，也如同前一節的結論，更加看重的是李若水的人格品德。而李若水的忠義、道德性，則是藉由與金人的對抗而彰顯。

到了最終回第三十五回「兩朝大加賜封號」，更是直接描述明朝朝廷與當時後金的軍事對抗：

---

75 胡小偉：〈關公信仰與大中華文化〉，收入〔日〕酒井忠夫等著：《民間信仰與社會生活》，頁137-140。

76 〔元〕脫脫等撰：《宋史》（北京：中華書局，1985年），卷445，〈李若水傳〉，頁13161-13162。

崇禎三年十一月內，奴破遵化、固安等城，十二月初九日，直逼都（城），二十日，滿桂、祖大壽與賊交戰，賊敗。次日（再）戰，賊奴大敗，城中稍安。正陽門住人，不常（住）。入廟裡抽籤。這兩日都見　帝廟上那些（草）人泥馬，個個遍身流汗。於是滿城歡呼道：「威靈顯赫，護國庇民，從古所無。」兵部本上，命有司建醮三晝夜，敕加封號：

太上威靈，英文雄武，精忠大義，高節清廉，協運皇圖，德崇演正……伏魔大帝關聖帝君……真元顯應昭明翊漢天尊……[77]

《關帝歷代顯聖志傳》將時間繫在崇禎三年（西元1630年）年末，但考之史傳，後金直逼都城的戰爭，當為崇禎二年年末的己巳之變，《明史・莊烈帝紀》：

冬十月戊寅，大清兵入大安口。十一月壬午朔，京師戒嚴。乙酉，山海關總兵官趙率教戰沒於遵化。甲申，大清兵入遵化，巡撫都御史王元雅、推官何天球等死之。丁亥，總兵官滿桂入援……十二月辛亥朔，再召袁崇煥於平臺，下錦衣衛獄。甲寅，總兵官祖大壽兵潰，東出關。[78]

崇禎二年十月，皇太極第一次領清軍入關，蹂躪京畿、直逼都城，大肆擄掠後返回滿州。崇禎皇帝識人不明、舉措失當，下獄袁崇煥、強命滿桂迎敵而戰死，[79]祖大壽遂率軍東走，毀山海關出。[80]明軍雖奮

---

77 《關帝歷代顯聖志傳》，頁258-259。因此面缺字嚴重，括弧內文字為依文意脈絡，猜測增補。

78 〔清〕張廷玉等撰：《明史》，卷23，〈莊烈帝一〉，頁311。

79 〈滿桂傳〉：「明年冬十月，大清兵入近畿。十一月詔諭勤王。桂率五千騎入衛，次

力阻擋，但也僅是保京師不墜而已。此後清軍食髓知味，五次入關，終至明朝傾覆。

　　是以《關帝歷代顯聖志傳》此段文字，雖有事件背景與人物，但卻與史實相去甚遠。崇禎二年的己巳之變，滿桂戰死、祖大壽率軍走，明朝僅是勉力維持。但書中卻是寫「賊奴大敗」，而關帝廟的「草人泥馬，個個遍身流汗」，意指關帝派兵協助明朝打贏這場「勝仗」，是以對明朝廷而言，關帝乃「護國庇民，從古所無」。後半段則為〈關聖帝君寶誥〉，其中言「協運皇圖」，亦是以皇朝的守護神視之，「真元顯應昭明翊漢天尊」正是崇禎三年（西元1630年）所冊封，是以《關帝歷代顯聖志傳》將此段故事將時間繫在崇禎三年，若非誤植，當也有可能是依循著冊封時間而改寫。

　　藉由以上的考論，可以發現《關帝歷代顯聖志傳》確實有意將關帝形塑為大明王朝的守護神，將其與明朝的正統性相結合，[81]一如〈序〉所言的「惟侯陟降，洋洋如在，佑我　皇明，永錫胤系」。[82]故在本章的詮釋脈絡下，《關帝歷代顯聖志傳》此時的「翊漢」不僅僅是「蜀漢」，而更有可能是「大明」，是相對於外族、清人的「漢人」。南宋初年與明朝末年，朝廷對於關帝的大加封賜，背後的動機

　　順義，與宣府總兵侯世祿俱戰敗，遂趨都城。」參〔清〕張廷玉等撰：《明史》，卷271，〈滿桂傳〉，頁6959。

80　〈祖大壽傳〉：「大壽在側股慄，懼併誅，出，又聞滿桂為武經略，統寧遠將卒，不肯受節制，遂帥所部東走，毀山海關出，遠近大震。」參趙爾巽等撰：《清史稿》（北京：中華書局，1977年），卷234，〈祖大壽傳〉，頁9420。

81　《關帝歷代顯聖志傳》是書對於明朝正統的建構，主要聚焦在華夷關係之上，而對靖難之變、奪門之變此種明朝內部統緒、皇權繼位的問題，則未有相關記載。就現象論，可能確實沒有相關文獻記載，故自是缺而不書。但若推論其原因，或許也可以考量成書時，明朝的飄搖國勢。換言之，比起內部統緒，當下情境所欲建立的，會是與外部敵對勢力交戰的正統性、華夷關係，也因之使關帝成為明朝的守護神。

82　《關帝歷代顯聖志傳》，頁3。

可能是相同的，皆是為了將關帝形塑為王朝的守護神。但這或許也正是歷史的弔詭處，宋明兩朝的敵人同為女真、滿族，但金人入主中原後，同樣崇拜、奉祀關帝，有清一朝更是將關帝信仰推到極點。也或許，這真是「天視自我民視，天聽自我民聽」[83]吧！

四　結論

關帝研究可說是一門顯學，研究者甚眾，亦是名家輩出。本章以「《關帝歷代顯聖志傳》的歷史與擬史」為題，深度考索、討論《關帝歷代顯聖志傳》此書，以「關帝歷代顯聖的『擬史』建構」、「關帝信仰與明朝守護神」兩節依次析論。

在第二節指出，《關帝歷代顯聖志傳》的故事時間，整體由三國、唐、宋以降乃至明朝，有明確時間先後順序。故事集中在有明一朝，並以年號為明確的前後區分。《關帝歷代顯聖志傳》本質上是宗教善書，但在敘事策略上以白話章回小說的形式，以「擬史筆法」建構關帝顯聖的「歷史敘事」，使其敘事風格、整體面貌，接近於講史小說。而徵引的史實人物同時包括文臣與武將，顯聖方式大多是以託夢的方式加以指引。對於文臣的選擇、故事建構，其標準是人物道德正確、忠義性格的歷史事實，而不論其下場；但武將則會聚焦在其戰勝的歷史事實，而忽略乃至改寫其人物性格。兩相對照下，取捨十分明顯。《關帝歷代顯聖志傳》篇首引錄關帝信仰相關的碑銘、廟記、楹聯，內文又不斷強調關帝顯聖的真實性，由本章的論證，足可以推論是書的敘事目的，當是想要「如實記載」關帝歷代顯聖、靈驗之「歷史」。而其操作方式則是以歷史真實人物、事件為故事主體，於

83　〔西漢〕孔安國傳，〔唐〕孔穎達等正義，《尚書正義》，收入〔清〕阮元校刻：《重栞宋本十三經注疏》（臺北：藝文印書公司，2011年），卷11，〈泰誓上〉，頁155-2。

中插入關帝靈感、顯聖事蹟。換言之，即是以「擬史筆法」的敘事方式，來建構關帝顯聖之「歷史敘事」。

第三節就結論言，《關帝歷代顯聖志傳》中的關帝形象，與傳統並無二致。如兵事、救災、科考、獎善、懲惡、治病、神像靈異等顯聖事蹟，書中一皆有之。而是書付梓之際，明朝國勢已是風雨飄搖，《關帝歷代顯聖志傳》似乎也有意將王朝正統性與關帝信仰結合，讓關帝成為明朝的守護神。是以讓朱元璋因關帝的庇佑與旨意而從軍，最終創立明朝。且在國勢積弱、外有強侮的情況下，宋明兩朝皆寄望關帝的忠勇精神，能激勵抗敵，故大加推崇、封賜。也因此在《關帝歷代顯聖志傳》的最終回，關帝成為了「護國庇民」、「協運皇圖」的皇朝守護神。此點也是於前的研究，尚未及細論之處。

受限於時間學養，本章目前雖僅能關注《關帝歷代顯聖志傳》的內部脈絡與敘事策略。但之後也當繼續拓展研究範圍，觀察《關帝歷代顯聖志傳》所採取的敘事策略，在整個善書傳統中是常態或特例。又如書中有一回「與文學講《易》、《春秋》」，此種經學與通俗文學、關帝信仰與《春秋》學的跨領域課題，也十分引人興味，後續當都能再有所開展才是。

第六章
文化記憶
——臺灣趙雲信仰的經、史、文底蘊[*]

一　前言

　　《三國志演義》廣為世人流傳與接受，其所衍生而出的「三國」文化母題，更是深深積澱在華人文化的血脈之中，進一步對世界文化產生影響。於民間宗教信仰亦可見三國人物，其中最為著名者即為關羽。如《第二、三次荷蘭東印度公司使節出使大清帝國記》（1662至1663年），便記錄了臺灣明鄭時期，關羽信仰的勃興：[1]

[*]　本章原發表於《淡江中文學報》第46期（2022年6月），頁257-285。

1　Olfert Dapper, "Gedenkwürdige Verrichtung Der Niederländischen Ost-Indischen Gesellschaft in dem Käiserreich Taisingoder Sina, durchihre Zweyte Gesandtschaft An den Unterkönig Singlamong Und Feld-herrn Taising Lipouï", Amsterdam: Jacob van Meurs, 1676. p.35.

且依歷來文獻記載、當前研究成果言，關帝信仰的形成脈絡固然複
雜，[2]然官方武廟系統的大力崇揚亦是關鍵。於唐代關羽尚為配享，
但歷經宋明兩代的提升，到了明清之際，關羽已晉升為武廟的主祀，
民間信仰亦隨之大盛。確實，關羽神格化為關聖帝君的過程，其中一
項重要關鍵乃官方武廟系統的傳播，若由此點觀察，同是三國人物，
諸葛亮、張飛、張遼、周瑜、陸遜等，也都曾一度配享武廟，[3]但趙
雲則從未進入過官方武廟祭祀系統。然據統計，目前臺灣共有三十七
間主祀趙雲的廟宇，[4]是以在三國文化、關帝信仰的對照下，臺灣趙
雲信仰的形成原因與開展過程，確實發人興味，值得研究。

　　而目前學界對趙雲的研究，已於第四章前言有所爬梳，於此從
省。而與本章論題趙雲信仰直接相關者，則有葉威伸：〈從史籍、小
說到民間信仰與傳說探究趙雲形象之遞嬗〉，[5]此文是目前可見，最早
關注臺灣趙雲信仰的研究成果。文中也採集了臺南佳里永昌宮的相關
趙子龍民間傳說，有其前導之功。葉氏於後再以《趙雲信仰與傳說研
究──以中國與臺灣為考察範圍》[6]為題，完成其博士學位論文。此

2　相關研究可參本書第五章前言之爬梳。

3　《新唐書‧志第五‧禮樂五》：「建中三年，禮儀使顏真卿奏：『治武成廟，請如月
　令春、秋釋奠。其追封以王，宜用諸侯之數，樂奏軒縣。』詔史館考定可配享者，
　列古今名將凡六十四人圖形焉：……魏征東將軍晉陽侯張遼，蜀前將軍漢壽亭侯關
　羽，吳偏將軍南郡太守周瑜、丞相婁侯陸遜，晉征南大將軍南城侯羊祜、撫軍大將
　軍襄陽侯王濬……」參〔北宋〕歐陽修等著：《新唐書》（北京：中華書局，2003
　年），卷15，頁377-378。

4　其區域分布為新北2、宜蘭2、桃園1、臺中2、彰化3、雲林4、嘉義3、臺南10、高
　雄4、屏東2、臺東4。統計數字參臺灣趙子龍文化協會編著：《走訪趙子龍信仰》
　（臺南：臺灣趙子龍文化協會，2021年），頁55-56。

5　葉威伸：〈從史籍、小說到民間信仰與傳說探究趙雲形象之遞嬗〉，《臺北城市科技
　大學通識學報》第5期（2016年4月），頁47-68。

6　葉威伸：《趙雲信仰與傳說研究──以中國與臺灣為考察範圍》（花蓮：國立東華大
　學中國語文學系博士論文，2020年）。

文特色在於採集、整理了大量趙雲信仰的民間傳說，有其價值。葉氏同時也參與了《走訪趙子龍信仰》一書的編纂，後文所徵引的趙子龍民間傳說文本，便是以此書為主。

　　本章受限於篇幅，擬先聚焦於趙雲信仰形成的底蘊。考論後，認為儒家經典的道德意義、歷史人物的真實依據與文學演義的流傳接受，在三者交互影響之下，方讓趙雲的「完美形象」進而神格化為「趙聖帝君」，於後展開其庇佑萬民、教化人心的信仰旅程，以下便以「文化記憶的凝聚：趙雲成神的關鍵」、「儒經典常與道德秩序：趙雲信仰的底蘊」二節，次第展開論述。

二　文化記憶的凝聚：趙雲成神的關鍵

　　信仰中的趙雲，被如斯敘述：

> 南宮輔佐真君趙恩師：鸞門諸恩師之一，姓趙名雲，字子龍，
> 三國蜀常山真定人。趙恩師姿顏雄偉，驍勇慣戰，事先主劉備
> 為將。當劉備為曹操大軍敗於長坂坡，棄妻子南逃時，子龍鼓
> 勇，單槍匹馬，直搗長坂，如入無人之境，救甘夫人及後主阿
> 斗，衝出曹軍重圍，尋從先主取成都，定益州，為「翊軍將
> 軍」。劉備稱讚子龍一身是膽，卒諡順平，民間信仰，稱為「子
> 龍爺」。[7]

類似的敘述亦可見於《臺灣民間信仰神明大圖鑑》[8]等書，也因趙雲

7　追雲燕：《臺灣民間信仰諸神傳》（臺北：逸群圖書公司，1993年），頁95。
8　林進源：《臺灣民間信仰神明大圖鑑》（臺北：進源書局，1996年）。

信仰的形成時間較晚，明代的《三教源流聖帝佛祖搜神大全》、[9]《歷代神仙通鑑》[10]等書尚未著錄。引文內容大抵可以三個部分加以分析，一是將趙雲置於鸞門系統中加以敘述，然若考察臺灣各趙雲廟對自身信仰體系的敘述，也可發現更多的是一種神祕經驗的機緣或感悟。如板橋臺北子龍廟廟主林定發先生自述：

> 某天黃師姐在家中看到一名穿白色戰袍的將軍，白袍將軍對著黃師姐說，祂是常山趙子龍本靈，要透過他們夫妻在北部建廟發揮。[11]

又如雲林莿桐鄉忠雲宮：

> 在未建宮前，每當夜晚趙子龍元帥都會顯靈是獻給宮主要立宮濟世度化眾生，自此宮主有感趙府元帥慈悲便自雕趙府元帥金身在家中侍奉。[12]

若以《走訪趙子龍信仰》一書所蒐集的資料言之，臺灣的三十七間子龍廟，鸞門體系實為少數。[13]但引文將趙雲置於鸞門體系下，實有其

9　〔明〕不著撰人：《三教源流聖帝佛祖搜神大全》，收入王秋桂、李豐楙編：《中國民間信仰資料彙編》第1輯第3冊（臺北：臺灣學生書局，1989年）。

10　署名徐道、程毓奇所編纂的《歷代神仙通鑑》，雖有趙雲之名，然僅是在敘述事件中帶過，觀其文義脈絡，亦未將趙雲視為神仙。參〔明〕徐道、程毓奇：《歷代神仙通鑑》，卷10第3節，收入王秋桂、李豐楙編：《中國民間信仰資料彙編》第1輯第10-17冊。

11　臺灣趙子龍文化協會編著：《走訪趙子龍信仰》，頁66。

12　臺灣趙子龍文化協會編著：《走訪趙子龍信仰》，頁113。

13　宜蘭頭城鎮慶安堂、雲林斗六市管士曆天龍宮、高雄市林園正氣南聖宮，只有此三間明寫為鸞門體系。

脈絡可循，於此先按下不表，下節會再有詳細論述。

　　第二，「趙恩師姿顏雄偉，驍勇慣戰，事先主劉備為將」、「尋從先主取成都，定益州，為『翊軍將軍』。劉備稱讚子龍一身是膽，卒諡順平」。此段敘述出自陳壽《三國志》，趙雲是歷史上真實存在的人物，但陳壽在《三國志》中，對趙雲的記載相當簡略，全文不過三百字左右。且都僅記載事件梗概，未有細節描述。如引文所引的段落，《三國志》原文為：

> 先主自葭萌還攻劉璋，召諸葛亮。亮率雲與張飛等俱泝江西上，平定郡縣。至江州，分遣雲從外水上江陽，與亮會于成都。成都既定，以雲為翊軍將軍。[14]

「劉備稱讚子龍一身是膽」此事，並未出現在陳壽《三國志》正文之中，而是裴松之注引《雲別傳》中，方有相關記載。然《雲別傳》乃趙雲後人私修家傳，內容多為褒美記載，也不免會有阿私先人之言。[15]《三國志演義》中，對於趙雲的諸多描述與記載，便多是出自《雲別傳》，如拒趙範嫂、勸諫劉備、漢水救援等等。[16]換言之，若以嚴格的史學眼光檢視，《雲別傳》的內容，其證據效力、歷史的真實性也是相對較低的。以趙雲「一身是膽」的漢水救援為例：

14　〔晉〕陳壽著，〔南朝宋〕裴松之注：《三國志》（北京：中華書局，2003年），卷36，頁949。

15　關於魏晉別傳的質性，可參逯耀東：〈魏晉別傳的時代性格〉，《魏晉史學的思想與社會基礎》（臺北：東大圖書公司，2000年），頁101-138。

16　以寬泛的標準言，僅有一事未採：「與夏侯惇戰於博望，生獲夏侯蘭。蘭是雲鄉里人，少小相知，雲白先主活之，薦蘭明於法律，以為軍正。雲不用自近，其慎慮類如此。」參〔晉〕陳壽著，〔南朝宋〕裴松之注：《三國志》，卷36，頁949。

夏侯淵敗，曹公爭漢中地，運米北山下，數千萬囊。黃忠以為
可取，雲兵隨忠取米。忠過期不還，雲將數十騎輕行出圍，迎
視忠等。值曹公揚兵大出，雲為公前鋒所擊，方戰，其大眾
至，勢逼，遂前突其陣，且鬥且卻。公軍散，已復合，雲陷
敵，還趣圍。將張著被創，雲復馳馬還營迎著。公軍追至圍，
此時沔陽長張翼在雲圍內，翼欲閉門拒守，而雲入營，更大開
門，偃旗息鼓。公軍疑雲有伏兵，引去。雲雷鼓震天，惟以戎
弩於後射公軍，公軍驚駭，自相蹂踐，墮漢水中死者甚多。先
主明旦自來至雲營圍視昨戰處，曰：「子龍一身都是膽也。」[17]

事件的時間點在建安二十四年（西元219年），黃忠定軍山「一戰斬
淵」[18]之後。《三國志‧武帝紀》中，曹操確實有南下爭漢中，但僵持
不過兩個月，[19]《三國志‧先主傳》中亦載兩雄相爭的細節。[20]《雲
別傳》便在這歷史記載的縫隙中，留下了趙雲「陷敵趣圍，復馳馬還
營迎」、「大開營門，偃旗息鼓」的英勇記載。目前在《三國志演義》
的研究中，大抵認為此兩段便是「七進七出」與「空城計」的原型。
「子龍一身都是膽也」，也成了趙雲流傳千古的勇武象徵與最佳註
腳。是以趙守博、顏寬恒、[21]王境棋[22]等人，在《走訪趙子龍信仰》

---

17 〔晉〕陳壽著，〔南朝宋〕裴松之注：《三國志》，卷36，頁949。
18 〔晉〕陳壽著，〔南朝宋〕裴松之注：《三國志》，卷36，頁948。
19 「夏侯淵與劉備戰於陽平，為備所殺。三月，王自長安出斜谷，軍遮要以臨漢中，
遂至陽平。備因險拒守。夏五月，引軍還長安。」〔晉〕陳壽著，〔南朝宋〕裴松之
注：《三國志》，卷1，頁52。
20 「曹公自長安舉眾南征。先主遙策之曰：『曹公雖來，無能為也，我必有漢川矣。』
及曹公至，先主斂眾拒險，終不交鋒，積月不拔，亡者日多。夏，曹公果引軍還，
先主遂有漢中。」〔晉〕陳壽著，〔南朝宋〕裴松之注：《三國志》，卷32，頁884。
21 同時署名顏清標、顏莉敏。
22 同時署名林文章。

的推薦序中，都不約而同的提到了趙雲「一身是膽」，[23]可見趙雲「子龍一身都是膽也」的人物形象，在傳播接受的過程中，成為了強勢的流傳文本。

第三，「當劉備為曹操大軍敗於長坂坡，棄妻子南逃時，子龍鼓勇，單槍匹馬，直搗長坂，如入無人之境，救甘夫人及後主阿斗，衝出曹軍重圍」，此段則完全是《三國志演義》的小說家言，於正史中並未見載。前文所提及的三篇序文，也都有敘及此事：「長坂坡之戰，單騎救主，縱橫於曹軍千萬人馬之中」、「長坂坡之役，縱橫於曹軍千萬人馬之中」、「長坂坡前，白騎單槍，如入無人之境」。[24]葉威伸先生便考察臺灣趙雲廟宇中，對於趙子龍故事的流傳，如壁畫、交趾陶等等，「長坂坡七進七出、單騎救主」為其敘事重心：

> 即便趙雲「雲身抱弱子，即後主也，保護甘夫人，即後主母也，皆得免難」為歷史事實，但在宮廟呈現出的卻大多是經《三國演義》鋪陳渲染的橋段，尤其對信眾而言趙雲在長板坡七進七出即是他們最為熟稔的「歷史事件」，是他們信仰神祇忠、勇精神的體現，也是祂一生最重要的功績之一。[25]

換言之，趙雲是歷史上實存的人物，在趙雲信仰中也依著史傳本源，但當人們在講述其事蹟時，卻又會非常自然地將小說塑造的內容，混為一談。萬建中先生指出：

> 在民間，傳說是當地人的主要歷史，便是歷史，也被當作傳說

23　臺灣趙子龍文化協會編著：《走訪趙子龍信仰》，頁8、10、11。
24　臺灣趙子龍文化協會編著：《走訪趙子龍信仰》，頁8、10、11。
25　葉威伸：《趙雲信仰與傳說研究──以中國與臺灣為考察範圍》，頁270-271。

來講述。也就是說，民眾並不認為傳說和歷史有甚麼區別，他
們從不擔心歷史被歪曲或不真實，考據或求證不屬於民間，而
是史學家們的生存之道。[26]

這樣的提法是有道理的，「考據或求證不屬於民間」，對於庶民而言，
只要故事有意義即是，而「長坂坡七進七出、單騎救主」乃「信仰神
祇忠、勇精神的體現」，人們敘述時只求其善，而不求其真。故於趙
雲信仰中，「長坂坡七進七出、單騎救主」成為信眾所理解、樂道
的，「子龍公」的功績。

　　然需要再進一步論述的是，小說與歷史的界線也不是可以斷然劃
分的。《左傳》宣公二年：

　　晉靈公不君……猶不改，宣子驟諫，公患之，使鉏麑賊之。晨
　　往，寢門闢矣，盛服將朝。尚早，坐而假寐。麑退，歎而言
　　曰：「不忘恭敬，民之主也。賊民之主，不忠，棄君之命，不
　　信，有一於此，不如死也。」觸槐而死。[27]

此段鉏麑觸槐的故事十分著名，然就歷史真實的角度觀察，鉏麑既是
刺客，其在四下無人的情況下，不忠不信的獨白、觸槐而死的決定，
此些一言一行又如何能被記載下來？是以錢鍾書先生便對此批評道：

　　如僖公二十四年介之推與母偕逃前之問答，宣公二年鉏麑自殺
　　前之慨歎，皆生無傍證、死無對證者。註家雖曲意彌縫，而讀

---

26 萬建中：〈民間傳說的虛構與真實〉，《民族藝術》第3期（2005年9月），頁75。
27 〔晉〕杜預注，〔唐〕孔穎達等正義：《春秋左傳正義》，收入〔清〕阮元校刻：《十
　　三經注疏》（臺北：藝文印書館，2011年），卷21，頁364。

> 者終不饜心息喙……史家追述真人實事，每須遙體人情，懸想
> 事勢，設身局中，潛心腔內，忖之度之，以揣以摩，庶幾入情
> 合理。蓋與小說、院本之臆造人物，虛構境地，不盡同而可相
> 通。[28]

錢氏先是提出「註家雖曲意彌縫，而讀者終不饜心息喙」，此段記載
在真實性上，終是難以說服讀者。於後便提出「史家追述真人實
事」，「蓋與小說、院本之臆造人物，虛構境地，不盡同而可相通」。
也就是史傳、小說之間的文史界線，實則本就是模糊的。亦可參第二
章所引，英國史學家凱斯‧詹京斯所提，歷史記載必然有其主觀性：
「是個人思維的產物，是歷史學家作為一個「敘述者」觀點的表
示。」美國史家海登‧懷特：「任何為真相而著之史書，均不能於其
中免除意識形態成分。」以此論之，只要史傳是以語言文字的形式留
下，則必然具有文本性、文學性，此種難以擺脫的內在質性。此點不
論是對陳壽《三國志》或裴松之注引的《雲別傳》言，都是相同的，
兩者都會有史家在書寫時所隱含的個人意識、史觀於其中，而不盡然
是一個被記錄下來的「客觀存在的歷史真實」。

　　歷史有其文學性，另一方面，《三國志演義》乃「晉平陽侯陳壽
史傳，明羅本貫中編次」，[29]亦即《三國志演義》雖是文學、是小說，
但亦有其歷史性。此即為章學誠《丙辰劄記》所謂「七分實事，三分
虛構」、[30]魯迅《中國小說史略》所言「七實三虛」[31]者也。一方面

---

28 錢鍾書：《管錐編‧左傳正義‧杜預序》（北京：生活‧讀書‧新知三聯書店，2007
　　年），頁267-273。

29 〔明〕高儒：《百川書志》（上海：上海古籍出版社，2005年），卷6，頁82。

30 章學誠《丙辰劄記》：「凡演義之書，如《列國志》、《東西漢》、《說唐》及《南北
　　宋》，多記實事；《西遊記》、《金瓶梅》之類，全憑虛構，皆無傷也。惟《三國演
　　義》則七分實事，三分虛構，以致觀者往往為所惑亂……但須實則概從其實，虛則

「演義」本就是根據經典或特定舊史見聞進行語言文字的加工和推衍，而「傳奇」也有擬史官的文化癖，仿擬史官而為故事人物留下有別正統的歷史評價。[32]故如第五章所引，鄭冀子先生認為「《三國演義》的選擇性記憶和書寫，是集體多於個體性質的」、「與其強調細節的虛構性，不如體認由本傳／別傳過渡到文學的重塑，見證了歷史記憶凝聚為文化記憶，體現文化價值的典範。」此一提法誠是十分精準，吾人對《三國志演義》的理解，也該注意到當視為集體創作的成果。《三國》小說並非單一作者所創作，除來自史傳、話本、戲曲等源頭，小說本身亦是複數作者，如引文提及的羅貫中、毛宗崗父子等。又明清之際現存三十餘種小說版本，志傳系統與演義系統間的差異也是頗大。故趙雲地位提升當非某單一作者的意圖。要而言之，在「演義」、「傳奇」的集體記憶和書寫下，趙雲其地位、戰功的提升，實則是一種「歷史記憶凝聚為文化記憶」的「文化價值典範」轉移與過渡。

而在「文化價值典範」此一層次的意義上，趙雲可說是一個「完美」的人物形象。如沈伯俊先生指出，羅貫中在「歌頌忠義」觀念的影響下，所極力刻劃的第一等人物應該是關羽。然隨著時代的演進，思想意識、審美觀念有所轉變，趙雲「膽識兼備，智勇雙全，機警精

明著寓言，不可虛實錯雜，如《三國》之淆人耳。」參〔清〕章學誠：《章氏遺書外編‧丙辰劄記》（北京：文物出版社，1985年），卷22，頁396-397。

31 魯迅《中國小說史略》：「羅貫中本《三國志演義》……皆排比陳壽《三國志》及裴松之註，間亦仍采平話，又加推演而作之；論斷頗取陳裴及習鑿齒孫盛語，且更盛引「史官」及「後人」詩。然據舊史即難於抒寫，雜虛辭復易滋混淆，故明謝筆淛既以為「太實則近腐」，清章學誠又病其『七實三虛惑亂觀者』也。」參魯迅：《魯迅小說史論文集：中國小說史略及其他》（臺北：里仁書局，1992年），頁113-114。

32 「演義」之論為李志宏先生之說，「傳奇」之論為李豐楙先生之說，詳參本書第五章第二節，〈關帝歷代顯聖的「擬史」建構〉。

細，謙虛謹慎」的人物形象，反倒成為了當代讀者最喜歡的角色。[33]曾世豪先生則言「趙雲尤其以其仁人愛物，大處著眼的懷抱與格局，不只一次被毛評譽為有見識之『大臣』，不能單純以武將目之，泯滅了文武界線之限制，象徵了亂世之中賢臣的典範。」[34]相關研究成果，在在皆是明證。[35]

要而言之，若單以史傳中的趙雲言，其人物生平、豐富度並不足夠，是以也未能配享武廟。但當其在歷史記憶凝聚為文化記憶的過程中，[36]成為了小說中七進七出、長坂救主、銀槍白馬、一身是膽的「常山趙子龍」。而此些人物形象、新的文化記憶，也廣為民間認同與接受。趙雲此種由史傳本源、小說塑造澱積而成的完美形象，也同樣在信仰中展現，是具有共同指向的文化記憶，是信眾共同理解的「子龍公」。趙雲此種揉合史傳與小說的人物形象，其完成時期當是在明清之際，而由此點觀察，也與清代康熙年間趙雲信仰的出現時間相合轍。[37]

---

33 沈伯俊：〈論趙雲〉，《三國演義》新探》（成都：四川人民出版社，2002年），頁185-203。亦可參沈伯俊：〈趙雲為什麼特別討人喜歡〉，《沈伯俊說三國》（北京：中華書局，2006年），頁81-83。

34 曾世豪：〈書生膽氣，大將才識──論《三國演義》文武關係與治亂隱喻〉，《漢學研究》第38卷第4期（2020年12月），頁163。

35 詳參本書第四章前言。

36 曾永義先生認為在民間故事中，能夠傳達民族所具有的共同思想與文化情感，而流播時空既長且廣者，則可稱之為「民族故事」。並論道：「民族故事的發展，不外乎有個根源，由此而生枝長葉，而蔚成大樹，這就是「基型」、「發展」、「成熟」的三個過程。」而顧頡剛先生的〈孟姜女故事研究〉，所呈現出的孟姜女故事流傳過程，也能與本章所論趙雲人物形象的發展演變過程、歷史記憶凝聚為文化記憶，有所對照。參曾永義：《俗文學概論》（臺北：三民書局，2003年），頁411-413。錢小柏編：《顧頡剛民俗學論集》（上海，上海文藝出版社，1998年），頁93-178。

37 趙雲於明代萬曆年間起，方有入祀其出生地正定鄉賢祠的記載，而同時關帝信仰已興盛非常。要到清代康熙年間，才有主祀趙雲的廟宇出現於方志記載之中。相關研究可參葉威伸：《趙雲信仰與傳說研究──以中國與臺灣為考察範圍》，頁17-21。

　　再以臺灣創立最早、規模最大的臺南佳里永昌宮為例。過往，官府的力量其實沒有深入地方，廟宇才是城鎮的中心，教育、濟施乃至排解紛爭，往往都依賴該地區的信仰中心。是以廟宇的發展歷史，往往也跟地方仕紳息息相關。其廟宇創立沿革，稱西元一六六一年，明永曆十五年，清順治十八年，福建省同安縣的林六叔追隨鄭成功投入來臺，後被分配墾殖於「子龍廟」現址，為入臺祖。經其開墾之後，人口逐年增加，前後歷經二十年，部落終於成型。西元一六九一年，清康熙三十年，其子林廷龍於村附近溪中撈魚，發現溪中有樟木盤旋，將該木拾起，發現已被白蟻咬成「常山趙子龍」五字。後有唐山泉州雕刻師，聲言承趙將軍托夢前來此地雕刻金身，經村民決議即以此樟木雕成大小兩尊趙雲神像。[38] 也如前述，中國地區的趙子龍信仰，起始時間也在清康熙年間，此前只有地方鄉賢的祭祀，是以臺灣趙雲信仰的出現時間，其實跟中國是約莫同時的。

　　由建廟傳說也可以發現，臺南佳里子龍廟並非承自原鄉的香火或神像，而是在地化的信仰積累，與文化記憶選擇。作為對照，關羽信仰在宋代已十分興盛，信仰甚至影響小說人物塑形，如《演義》中便屢稱「關公」、有「顯聖」、「感神」的情節，臺灣的關帝信仰也是由原鄉而來。換言之，趙雲是在其文化記憶完成後，方進一步成為信仰的對象，這才是趙雲信仰流佈的重要關鍵，也是目前學界研究尚未即細論處。同為五虎將的張飛、馬超與黃忠，也因人物的文化記憶不夠飽滿，而較未有後續民間信仰的開展。

38　臺灣趙子龍文化協會編著：《走訪趙子龍信仰》，頁128-129。

三　儒經典常與道德秩序：趙雲信仰的底蘊

上一節的文本分析與考述推論，指出趙雲信仰流佈關鍵，其實與史傳本源、小說塑造共同澱積而成的完美形象息息相關。本節則欲進一步論述，趙雲信仰所蘊含的道德秩序底蘊。先是《禮記‧祭法》有云：

> 夫聖王之制祭祀也，法施於民則祀之，以死勤事則祀之，以勞定國則祀之，能禦大菑則祀之，能捍大患則祀之。[39]

在傳統儒家思想裡，人只要在世有功績，「法施於民」、「以死勤事」、「以勞定國」、「能禦大菑」、「能捍大患」，死後都可以被祭祀。《禮記‧祭義》又言：

> 宰我曰：「吾聞鬼神之名，而不知其所謂。」子曰：「氣也者，神之盛也；魄也者，鬼之盛也；合鬼與神，教之至也。眾生必死，死必歸土，此之謂鬼。骨肉斃於下，陰為野土；其氣發揚於上，為昭明、焄蒿、淒愴，此百物之精也，神之著也。因物之精，制為之極，明命鬼神，以為黔首則。百眾以畏，萬民以服。」[40]

在氣化萬物的宇宙觀下，人與鬼神並非斷然二分，而是一氣之化，即

---

39 〔東漢〕鄭玄注，〔唐〕孔穎達等正義：《禮記正義》，收入〔清〕阮元校勘：《重栞宋本十三經注疏》（臺北：藝文印書館，2011年），卷46，頁802。

40 〔東漢〕鄭玄注，〔唐〕孔穎達等正義：《禮記正義》，收入〔清〕阮元校勘：《重栞宋本十三經注疏》，卷46，頁813-814。

正義所釋：「人生賦形體與氣合共為生，其死則形與氣分。」[41]所以人死則骨肉敗壞，「陰為野土」，然其氣則發揚於上，為「百物之精也，神之著也」。在同樣的思維脈絡下，朱熹所編《二程遺書》中，也是論斷「氣便是神」。[42]

於後引文中孔子更進一步指出，「因物之精，制為之極，明命鬼神，以為黔首則」。將兩段文字合而觀之，可知人在世若有功績，抵禦災患、保家衛民，死後其氣則發揚於上，而為鬼神。並且鬼神能為黎民黔首的行事準則，故言「百眾以畏，萬民以服」。《周易·觀卦·彖辭》亦言：「觀天之神道，而四時不忒。聖人以神道設教，而天下服矣。」[43]「神道設教」可說是儒家對於宗教信仰的核心觀念之一，也就是宗教的本質是警惡勸善、有益教化，錢鍾書先生言「設教濟政法之窮，明鬼為官吏之佐」，[44]可謂切中。

此點於趙雲信仰中亦同，除了護佑蒼生、濟世救民[45]的宗教意義外，也往往在信仰中寄寓、強調儒經典常與道德秩序。如《雲別傳》載趙雲拒嫂之事：

---

41 〔東漢〕鄭玄注，〔唐〕孔穎達等正義：《禮記正義》，收入〔清〕阮元校勘：《重栞宋本十三經注疏》，卷46，頁814。

42 「又問：『《易》言知鬼神之情狀否？』曰：『有之。』又問：『既有情狀，必有鬼神矣？』曰：『《易》說鬼神，便是造化也。』又問：『名山大川能興雲致雨，何也？』曰：『氣之蒸成耳。』又問：『既有祭，則莫須有神否？』曰：『只氣便是神也……』」參〔南宋〕朱熹編：《二程遺書》，卷22上，頁17。收入〔清〕紀昀等纂：《文淵閣四庫全書》。

43 〔魏〕王弼、韓康伯注，〔唐〕孔穎達等正義：《周易正義》，收入〔清〕阮元校勘：《重栞宋本十三經注疏》，卷3，頁60。

44 錢鍾書：《管錐編·周易正義·觀》，頁31。

45 「神明信仰的執掌多為其生前或神話後之職務或功績而來，但趙子龍信仰並非像財神爺、文昌帝君、月下老人等這一類有專職的神明，其信仰功能受到其生前之功勳紀錄，忠義雙全、肝膽相照、驍勇善戰之精神影響，因此凡濟世救民之事務皆有管轄。」臺灣趙子龍文化協會編著：《走訪趙子龍信仰》，頁29。

從平江南，以為偏將軍，領桂陽太守，代趙範。範寡嫂曰樊氏，有國色，範欲以配雲。雲辭曰：「相與同姓，卿兄猶我兄。」固辭不許。時有人勸雲納之，雲曰：「範迫降耳，心未可測；天下女不少。」遂不取。範果逃走，雲無纖介。[46]

此段「相與同姓，如拒兄嫂」的故事，在信仰中便被評價為「以有違禮俗倫常毅然拒絕」。[47]再如反對分賜田產、忠於劉備等等：

益州人民，初罹兵革，田宅皆可歸還，今安居復業，然後可役調，得其歡心。
初，先主之敗，有人言雲已北去者，先主以手戟擿之曰：「子龍不棄我走也。」頃之，雲至。[48]

反對分賜田產是仁德，對劉備不離不棄是忠義。這些也都成了「一身是膽」的武勇典範外，趙雲的道德價值象徵。而這樣的到道德價值，其判斷標準，明顯是儒家式的。是以如臺南新營龍聖宮，述其立廟宗旨則言：

……雕刻金身，尊稱白維聖帝、趙府元帥，創設救世壇，神威顯赫，救拔眾生……勸化、濟世、傳道為宗旨。[49]

「勸化、傳道」便是《周易》所言之「神道設教」了。也正因在趙雲

46　〔晉〕陳壽著，〔南朝宋〕裴松之注：《三國志》，卷36，頁949。
47　臺灣趙子龍文化協會編著：《走訪趙子龍信仰》，頁9、10。
48　〔晉〕陳壽著，〔南朝宋〕裴松之注：《三國志》，卷36，頁950、949。
49　臺灣趙子龍文化協會編著：《走訪趙子龍信仰》，頁158。

的「完美」文化記憶中，其道德性也是豐滿的，故自然可以作為效
法、景仰的對象，進而教化萬民。再引前述《走訪趙子龍信仰》的推
薦序為例：

> 趙子龍信仰的推廣和弘揚，能發揮更大的教化功能，為社會和
> 人類帶來更有情有義、重忠信、講仁愛、勇於捍衛大是大非的
> 優良風氣和道德觀念。
> 趙子龍所呈現的忠肝義膽、智勇雙全的形象，也讓信眾尊崇其
> 德其行，使信徒朋友廣受祂的神力庇佑。
> 忠孝之節，誠信之義，亦已日漸式微，緩緩隱退。面對傾斜的
> 年代，趙子龍之風骨，不啻是一記暮鼓晨鐘，向上提升之道德
> 引力。[50]

會發現三篇序文，同時都強調了「大是大非的道德觀念」、「信眾尊崇
其德其行」、「向上提升之道德引力」云云。實則是將華人社會，根植
於儒經典常的善惡、道德觀念，素樸的寄寓在趙雲信仰之中。即為前
文所論「百眾以畏，萬民以服」、「設教濟政法之窮，明鬼為官吏之佐」
的「神道設教」觀念，在受神明庇佑外，更以警惡勸善、有益教化為
信仰的底蘊。此點在關帝信仰中，也是相同的。劉海燕先生論曰：

> 這些由宗教人士創造出來、托關羽的名義流行的樸素的道德規
> 範和善惡標準，儘管有些唯心主義和神祕主義的色彩，但無疑
> 對於社會道德秩序的建設具有平衡和調節的作用，這是神道設
> 教政策的上行下效，也是中國民間本土信仰的一種重要功能。[51]

---

50 臺灣趙子龍文化協會編著：《走訪趙子龍信仰》，頁9、10、11。
51 劉海燕：《從民間到經典——關羽形象與觀與崇拜生成演變史論》，頁257。

劉氏指出，以關羽為名的各式勸善寶書，其內容確實具有平衡調節社會道德秩序的作用，旨在勸人為善，並遵守華人社會中的儒家道德規範。是以劉氏也指出，關聖帝君在善書中，就是一位「民間的道德守護神」。[52]

可進一步論述者，李亦園先生、王志宇先生的研究也都提到，一貫道、慈惠堂與恩主公崇拜（儒宗神教）等，都具有強烈的「道德復振色彩」：

> ……民間宗教的新興教派不但具有一般虔信教派（pietism）的特性，而且或多或少都以復振傳統中國道德倫理為號召，所以也被稱為「道德復振教派」（moral revivalistic sects）……他們都希望藉宗教的力量把傳統的道德重整起來，以恢復傳統美好的倫理秩序。[53]
>
> 對於一個外部觀察者而言，很容易受儒宗神教與一貫道、慈惠堂等民間教派所強調的道德主義所吸引。儒宗神教與一貫道、慈惠堂，確實都是道德色彩濃厚的教派，在這些教派所編造的資料中，不斷的強調這種道德主義。[54]

而此些宗教所強調的「道德復振」、「倫理秩序」、「不斷強調的道德主義」，其價值觀，無疑都是沉積在華人社會文化中的儒經典常。而鸞門一般宣稱其所著的經典，係神佛降鸞著造的。但若先不論其神秘色

---

52 劉海燕：《從民間到經典——關羽形象與觀與崇拜生成演變史論》，頁252。

53 李亦園：〈臺灣民間宗教的現代趨勢——對彼得柏格教授東亞發展文化因素的回應〉，收入宋文薰、李亦園、許倬雲、張光直編：《考古與歷史文化（下）》（臺北：正中書局，1991年），頁30-31。

54 王志宇：《臺灣的恩主公信仰：儒宗神教與飛鸞勸化》（臺北：文津出版社，1997年），頁345。

彩，而以近現代的科學眼光觀察，其中大多是編輯而成的，亦即根據
需要從各種經典擷取或改編。[55]如以最著名的《關聖帝君覺世真經》
言，節錄片段如下：

> 帝君曰：人生在世，貴盡忠孝節義等事，方於人道無愧，可立
> 身於天地之間，若不盡忠孝節義等事，身雖在世，其心已死，
> 是為偷生……故君子三畏四知，以慎其獨……但有逆理，於心
> 有愧者，勿謂有利而行之；凡有合理，於心無愧者，勿謂無利
> 而不行……敬天地、禮神明，奉祖先、孝雙親，守王法、重師
> 尊，愛兄弟、信朋友，睦宗族、和鄉親，敬夫婦、教子孫……
> 諸如此福，惟善所致。吾本無私，惟佑善人。眾善奉行，毋怠
> 厥志。[56]

引文中的「盡忠孝節義」的價值觀、「君子慎獨」的修養功夫、「於心
無愧者」的義利之辯、「敬天地、禮神明」等等的人倫秩序，乃至天
道無親，常與善人的「吾本無私，惟佑善人」，最後勸化向善、道德
復振：「眾善奉行，毋怠厥志」。確實是能看出其中「儒宗神教」的道
德價規範。關聖帝君是「民間的道德守護神」，而此一道德，是根源
於儒經典常的。雖然趙雲信仰的歷史較短，是以未有相關典籍問世，
但由田野、口述等資料觀察，也能做出相同的判斷，亦即在道德價值
判斷上，也是依著趙雲的文化記憶形象，進一步彰顯在華人社會中的
儒經典常與道德秩序。

---

55 王見川：〈轉變中的神祇——臺灣「關帝當玉皇」傳說的由來〉，收入李豐楙、朱榮
　　貴主編：《性別、神格與臺灣宗教論述》（臺北：中央研究院中國文哲研究所，1997
　　年），頁136。
56 不著撰人：《關聖帝君覺世真經》（臺北：正一善書出版社，2003年），不著頁碼。

　　一如楊慶堃先生所提出的制度性宗教（institutional religion）與擴散性（diffused religion）宗教，[57]中國的民間信仰大抵是較接近擴散性宗教，可以很自然的吸納新的元素、人物，進而擴大其體系，並在日常生活加以實踐與活化。在趙雲信仰裡，便是以儒經典常為道德價值判斷的底蘊，再輔以傳統的民間信仰、宗教儀式。也在一定程度上，參照了關帝信仰，[58]因而有部分宮廟將其納入鸞門體系。但依目前臺灣趙雲信仰的整體概況言，大抵還是在儒宗神教、在鸞門之外的。至於趙雲信仰中的儒經典常，是直接體現華人社會的道德秩序，抑或受儒宗神教啟發，這或許也可以再做研究觀察，由個別宮廟的發展、歷史，加以爬梳、判斷。但一如李豐楙先生的觀察：

> 在臺灣的社會城鎮裡至今仍保存了中國傳統的信仰生活方式……民眾集體需要的宗教信仰儀式，即是社會集體生活方式的集體象徵，廣被社民相信是關係地方集體命運的信仰象徵。[59]

宗教信仰、趙雲信仰，畢竟還是民間社會集體生活方式的體現，是「地方集體命運的信仰象徵」。是以臺灣的趙雲信仰發展過程，出現的各種神威佑民的民間傳說，如雲林莿桐雲天宮的「手接炸彈」，[60]臺

---

57 CK Yang, "Religion in Chinese Society: A Study of Contemporary Social Functions of Religion and Some of Their Historical Factors", Berkeley and Los Angeles: University of California Press, 1961.

58 如臺東東凌宮聖帝廟，自述其在臺東市鯉魚山建造龍鳳寶玉塔，「其建築規模均奉關聖帝君及趙聖帝君兩神聖指示設造。」參臺灣趙子龍文化協會編著：《走訪趙子龍信仰》，頁196。

59 李豐楙：〈制度與擴散：戰後臺灣火居道教的兩個宗教面向——以臺灣中部的道壇道士為例〉，《臺灣宗教研究》第2卷第1期（2012年12月），頁118。

60 臺灣趙子龍文化協會編著：《走訪趙子龍信仰》，頁109-110。臺灣的媽祖信仰、關帝信仰，也都有接炸彈的類似傳說，似乎也可視為臺灣此一傷痛之島，共同歷史記憶轉化的過程。

南永龍宮的「賜藥方行醫救世」，[61]臺南佳里永昌宮的「示警交通事
故」，[62]屏東恆春四溝千峰殿的「抵抗山地人」[63]，實際上也是體現了
「先民尋求信仰正統依歸，神明保佑度過歷史危難」、「信仰傳說在地
化」[64]的過程。此種無關道德秩序，護佑萬民、消災解厄的傾向，必
然是趙雲信仰的重要質性，也是不能忽略的。李豐楙先生便也指出：

> 中國人、臺灣人所崇祀的神明，其成神之道就在成人之道，是
> 一種俗世道德的自我完成，也就是成為「完全、完美的人」，
> 乃是成神的基本條件。而成神者也與一般的聖賢、英雄有本質
> 上的差異，也就是多具有一種神聖性、神秘性色彩，其神異性
> 格所扮演的是一種「智慧者」腳色，能為世人指點迷津，解決
> 疑難。[65]

引文所論的「成人之道」、「俗世道德的自我完成」，便可用以觀察前
述趙雲「完美」的道德人格。而「成神之道」則在於「神聖性、神秘
性」、「能為世人指點迷津，解決疑難」，便也是此處所論了。

　　整體而言，臺灣的趙雲信仰呈現出兩種質性，一是護佑萬民、消
災解厄的宗教意義，二是儒經典常、勸化向善的道德秩序。前者關乎
神秘體驗與信仰的在地化，後者則是本節考論重點，認為趙雲信仰所
蘊含的道德秩序底蘊，實際上是華人社會的儒家道德規範。儒宗神
教、關帝信仰自是此一類型的代表，但依目前的資料判斷，趙雲信仰

61　臺灣趙子龍文化協會編著：《走訪趙子龍信仰》，頁143-144。
62　臺灣趙子龍文化協會編著：《走訪趙子龍信仰》，頁131。
63　臺灣趙子龍文化協會編著：《走訪趙子龍信仰》，頁176。
64　葉威伸：《趙雲信仰與傳說研究——以中國與臺灣為考察範圍》，頁262。
65　李豐楙：〈從成人之道到成神之道——一個臺灣民間信仰的結構性思考〉，《東方宗
　　教研究》新4期（1994年10月），頁197。

整體而言其實並不屬於鸞門體系。是以可能是根源於共同的文化土壤，亦即華人社會的儒家倫常，也有可能是在信仰發展的過程中，受到關帝信仰、儒宗神教的啟發。這個部分則有待後續研究確認。但就「神道設教」的觀念切入，儒經典常、道德秩序確實扣合著趙雲「仁義」的人物形象而有所發揮，而積澱成趙雲信仰的重要底蘊。

四　結論

陳寅恪先生暢言中國思想以「儒釋道三教」為代表，「華夏民族所受儒家學說之影響，最深最巨」。[66]誠哉斯言。而在民間場域、宗教信仰中，儒經典常亦仍發揮其影響力，維持著道德秩序、維持著社會集體生活的規則。胡小偉先生〈三教圓融與關羽崇拜〉：

> 關羽以「托夢顯靈」與佛教結緣，以「降神靖妖」為道教祈禳，以「忠義孝友」被儒家綱常推崇。其與三教之淵源，先後形成於唐宋時期，而以宋代為實際發端。而有宋一代正是中國歷史上圓融三教，創建新文化的關鍵時期，也使關羽崇拜從此融進中國主流思想文化的大題目中。于右任先生嘗題關廟聯曰：「忠義二字，團結了中華兒女；《春秋》一書，代表著民族精神。」信哉斯言！[67]

---

66 「言中國之思想，可以儒釋道三教代表之。此雖通俗之談，然稽之舊史之事實，驗以今世之人情，則三教之說，要為不易之論。儒者在古代本為典章學術所寄託之專家。李斯受荀卿之學，佐成秦治。秦之法制實儒家一派學說之所附系……而法典為儒家學說具體之實現。故兩千年來華夏民族所受儒家學說之影響，最深最巨者。」陳寅恪：〈馮友蘭中國哲學史下冊審查報告〉，《金明館叢稿二編》（臺北：里仁書局，1981年），頁251。

67 胡小偉：〈三教圓融與關羽崇拜〉，收入盧曉衡主編：《關羽、關公和關聖：中國歷史文化中的關羽學術研討會論文集》（北京：社會科學文獻出版社，2002年），頁406。

引文具體而微的分析、爬梳了關帝信仰「三教圓融」的特性，其中
「忠義孝友被儒家綱常推崇」。若將本章主論的趙雲信仰與之參差對
照，或也能得到相近的結論。[68]

　　衡諸學界研究成果，關帝信仰已有相當開展，然對於趙雲信仰的
研究，明顯還在起步階段。故本章以「文化記憶的凝聚：趙雲成神的
關鍵」、「儒經典常與道德秩序：趙雲信仰的底蘊」二節，考論趙雲而
至趙聖帝君的關鍵與底蘊。在第二節指出，以史傳中的趙雲言之，其
人物生平、事件豐富度實則不夠飽滿，也未成為信仰的對象。但當其
在歷史記憶凝聚為文化記憶的過程中，成為了七進七出、長坂救主、
銀槍白馬、一身是膽的「常山趙子龍」。而此些人物形象、新的文化
記憶，也廣為民間認同與接受。在趙雲信仰中，信眾共同理解的「子
龍公」，也正是此一由史傳本源、小說塑造共同澱積而成的完美形
象。換言之，也正是在趙雲的文化記憶完成後，方才進一步成為信仰
的對象。

　　在第三節則是指出，臺灣的趙雲信仰呈現出兩種質性，一是護佑
蒼生、濟世救民的宗教意義，二是儒經典常、勸化向善的道德秩序。
前者關乎神秘體驗與信仰的在地化，後者為趙雲信仰的內在價值。而
此一道德秩序，其價值判斷也正是華人社會的儒經典常。儒宗神教、
關帝信仰、一貫道、慈惠堂等，自是此一類「道德復振」的代表，但
依目前的資料判斷，趙雲信仰整體而言上不屬於上述體系。是以可能
是根源於共同的文化土壤，亦即華人社會的儒家倫常，也有可能是在
信仰發展的過程中，受到相關宗教的啟發。然就「神道設教」言，儒
經典常與道德秩序，也扣合著趙雲「完美」的人物形象而有所發揮，

---

68 關羽與佛教的淵源，乃天臺初祖智顗大師（建立玉泉寺）所建構，此點已為學界所
　認同。而即便臺灣當下佛、道間頗為交融，但趙雲信仰在佛教中著墨確實較少。趙
　雲信仰還是在儒、道兩家中較為明顯。

成為趙雲信仰的重要底蘊，趙雲信仰可說是經、史、文三個面向共同絎合而成。要而言之，本章關注趙雲之所以能成為信仰對象，乃是由歷史人物，絎合小說塑造（文化記憶）與經學道德。並剖析經、史、文三者間的交互影響與脈絡。此種跨學門的研究，或許較難周全，但也相信較能帶出新的觀點。

　　能再進一步補充者，陳弱水先生以觀念史研究的角度指出，「義」的意義是有所改變與流轉的，而在西元紀年之初，流傳於民間社會的「義」，接近於合理化的、人與人相處的社會秩序：

> 既然「義」的基本意涵是外於個人生命的道德準則或原理，這種道理有什麼實質性的特點呢？有兩方面可說。首先，「義」有特定的適用範圍。用我們現在的概念，或許可以說，「義」基本上是社會領域的道德原理。[69]

以此角度言，不論是關聖帝君的忠義，或是趙聖帝君的仁義，實則也都可以「社會領域的道德原理」此一角度來理解，是民間人與人相處的行事準則、道德秩序，而藉由「神道設教」的方式，「明命鬼神，以為黔首則」。「趙聖帝君」也在同一基礎上，展開其庇佑萬民、教化勸善的信仰旅程。

---

69 陳弱水：《公義觀與中國文化》（臺北：聯經出版社，2020年），頁178。

第七章

依依東望

——「三國學」的凝望與展望

　　中國史傳文學長河中，《左傳》、《史記》既為濫觴，亦是魁首。於後繼之的《三國志》，也往往被論者目為紹承。陳壽長於撰史，於時已多為人所讚賞，《三國志》一書的史傳文學價值，實可參列於《左》、《史》之後，值得吾人細細品讀。加之《三國志》成於西晉，隨之八王之亂、典午東渡。百年戰亂與生聚教訓，也讓魏晉史學大加勃興，是以南朝宋裴松之，方能採擷大量的史料，為《三國志》作注，頗得蜜蜂兼採之功。裴松之所補注的史料，多是尚未統一過的喧嘩眾聲，彼此各具立場，甚或互有歧異。但也正因如此，反讓《三國志》更為精彩，為後世讀者、學人所饗，某種程度上更是下開了《三國志演義》的熱鬧世界。

　　於史傳外的傳播媒介，如話本、戲曲等等，隨著時代的前進，三國故事亦是越見流行。元明之際羅貫中寫定《三國志通俗演義》後，大受歡迎，好事者爭相謄錄，於後始有大量的《三國志演義》小說版本流傳。直至康熙十八年，毛綸、毛宗崗父子針對各種「俗本」，重新寫定《四大奇書第一種》。此本一出，遂取代了明代以來的諸多《三國》小說版本，廣為世人流傳與接受，此即為今日所慣稱的《三國演義》。「三國」主題於今日的傳播，更是深入宗教、戲劇、電玩、漫畫等各式媒介與場域。「三國」如滾滾逝水般，一代代的傳承與接續，對華人文化乃至世界文化的影響，可謂深厚矣。

　　「三國學」是一個相當有趣的研究主題，由本書的論述與考證，

當也能觀察到其學術上的嚴謹性與豐富開展。但就文化傳播層面言之,「三國」的影響力,又早已跨過學院的宮牆與邊界,深入民間之中,凡有華人處,總能有道不盡的三國人物、三國故事。本書以「三國學跨界研究」為題,嘗試界定「三國學」的範圍邊界,認為「三國學」的體系架構,當有三個層次,第一層乃「史傳:《三國志》」,是「三國學」的核心文本,第二層則是「小說:《三國志演義》」。以這兩者為核心,「三國」擴散、滲透進宗教信仰、戲曲藝術、詩詞歌曲、流行文化的再創作等等,此即為第三層「三國主題浸潤的各式文本」。也因其廣泛的而深遠的影響力,使得「三國」成為華人文化的重要主題,中華文明的永恆經典。

是以本書所言的「跨界」,並非跨出「三國學」的邊界,而是「三國學」本就具有「跨界」此一質性。第一層《三國志》與第二層《三國志演義》間,虛實的界線、文史的辯證,若依中文系傳統學門領域的角度觀察,即便幅度不大,當已是一種「跨界」。更遑論第三層「三國主題浸潤的各式文本」,皆能從中觀察到,以「三國學」為樞紐,所呈現出的「跨界」的特色。若依「三國學」的體系架構加以對照,本書研究的主題文本可分類如下:

	第一層（史傳）	第二層（小說）	第三層（各式文本）
第二章	《三國志》		《群書治要》
第三章	《三國志》		《史通》
第四章	《三國志》	《三國志演義》	
第五章	《三國志》	《三國志演義》	《關帝歷代顯聖志傳》
第六章	《三國志》	《三國志演義》	臺灣趙雲信仰

此一表格當能具體呈現,「三國學跨界」的特色與現象。而此種以「三國」為樞紐而產生的「跨界」關係,正是本書所凝望、關注的問

題意識所在。是以循此思考脈絡，分別以《群書治要》、《史通》、《三國志演義》、《關帝歷代顯聖志傳》、臺灣趙雲信仰，五種橫跨類書、史評、小說、善書、民間信仰的不同領域文本材料，分析、呈現「三國學跨界」的現象。並深入掘微，提煉相關研究成果，以下便略述各章之研究貢獻。

第二章〈筆削取義——《群書治要》對《三國志》的消融與建構〉。國史載記，非徒記事，而務在勸懲，即《周禮》「掌官書以贊治」的傳統。《舊唐書·魏徵傳》載唐太宗「以古為鏡，可以知興替」之言，《群書治要》亦是取其「致治稽古，臨事不惑」之功，而《三國志》名列四史，其重要性不言可喻，有高度可論性。是則本章以「《三國志》『畏懼之史』的消融」、「《群書治要》『本求治要』的勸戒」兩端，考述《群書治要》於編纂時，對《三國志》的筆削棄採，與所呈現的史家心識。認為《群書治要》編纂時，雖非刻意，但確實消融、解構了陳壽《三國志》畏懼之史的內涵。並在本求治要的原則下，重視君臣相處之道，大量選錄勸諫之文，顯示出取義關鍵，乃君主的英明好諫、言無不納，臣子的忠直無隱、事無不言，最後總其勸戒之功、治要之道。

第三章〈懲惡勸善——《三國志》的微婉顯晦與《史通》的善惡必書〉。劉知幾《史通》乃中國第一本歷史批評專書，歷來為學者所重視。本章詳考《史通》對於《三國志》的評價，以「正統與史識：《史通》對《三國志》批評的再商榷」、「直書與晦筆：《春秋》書法的兩種面向」兩節次第論之。提出幾點觀察：一、三國正統論影響劉知幾對《三國志》史體、史法允當與否的判斷，認為陳壽有所失當，載記劉備當如《左傳》記載秦繆、楚莊才是。二、劉知幾批評陳壽索米立傳、厚誣諸葛，由事件考論，當為烏有之事，然其厲言批評的背後，乃肇因「善惡必書」的「史識」觀。三、陳壽《三國志》以「微

婉顯晦」的《春秋》書法,加以載記,在外在環境壓力下難以明說的
易代之事。而劉知幾對「懲惡勸善」的載筆之用仍是贊同,但於載筆
之體,則是以「善惡必書」取代「微言大義」,以「直書」、「實錄」
為尚。而陳壽與劉知幾兩人對《春秋》書法觀念間的落差,便也是
《史通》對《三國志》屬言批評的重要原因。

　　第四章〈抑揚顯志──《三國志演義》趙雲的人物塑造與諸葛亮
之關係〉。《三國志演義》廣為世人流傳與接受,其所衍生而出的「三
國」文化母題,更是深深積澱在華人文化的血脈之中,進一步對世界
文化產生影響。其中趙雲更是當下最受歡迎的三國人物之一,而目前
學界對於趙雲人物形象的研究,共識大抵確切,認為趙雲為一「完
美」形象,似乎難有新論。然本章出入文史之間,詳考《三國志》與
《三國志演義》二書,指出《三國志演義》實以諸葛亮為第一主角,
而小說中情節的安排,在強化、提升諸葛亮的人物形象之時,趙雲也
被連帶提升。諸葛亮於帳中運籌帷幄、決勝千里,趙雲則在戰場上,
貫徹與執行諸葛亮的謀劃與計策,如著名的三條「錦囊妙計」等等。
小說甚至在「遺詔託孤」中,讓諸葛亮與趙雲同受劉備囑託。小說家
濃筆描繪諸葛亮文、智之絕,而趙雲則於武、勇多所展現。本章以趙
雲人物形象為切入點,出入文史邊界,進而探求新的詮釋可能。趙雲
小說中的「完美」形象,實在人物塑造的抑揚間,與諸葛亮息息相
關,受其影響。

　　第五章〈聖俗之間──《關帝歷代顯聖志傳》的歷史敘事與擬史
筆法〉。《關帝歷代顯聖志傳》刊刻於明末,主要記載關羽死後成神,
護佑百姓、顯靈顯聖的各種故事。目前學界尚未有深入研究,故本章
以「關帝歷代顯聖的『擬史』建構」、「關帝信仰與王朝守護神」兩節
加以析論。認為是書為求可信度的增加,在敘事策略上,將真實歷史
人物、事件,剪裁入關帝顯聖的事蹟之中,並在不違背歷史事實的原

則下，增添關帝顯聖的各種情節，以「擬史筆法」建構關帝顯聖的「歷史敘事」。文臣重忠義、道德，而不計下場；武將則聚焦戰勝的結果，忽略、改寫史傳中的人物性格與經過。再者，書中的關帝形象與大傳統相同，救災、科考等顯聖事蹟，一皆有之。然此外更有意將關帝塑造為「護國庇民」、「協運皇圖」的皇朝守護神。究其原因，則當與成書之際，明末動盪的國家世局，息息相關。

　　第六章〈文化記憶──臺灣趙雲信仰的經、史、文底蘊〉。「三國」文化母題影響深遠，於民間宗教，關帝信仰更是興盛，有華人處，幾乎就有關帝祠廟。而同為三國人物的趙雲，雖不若關羽，但在信仰上也有所開展。目前臺灣共有三十七間主祀趙雲的廟宇，在三國文化、關帝信仰的對照下，臺灣趙雲信仰的形成原因與開展過程，確實發人興味，值得研究。本章以「文化記憶的凝聚：趙雲成神的關鍵」、「儒經典常與道德秩序：趙雲信仰的底蘊」二節加以考論。指出，以史傳中的趙雲言之，其人物生平、事件豐富度實則不夠飽滿，但當其在歷史記憶凝聚為文化記憶的過程中，成為了七進七出、長坂救主、銀槍白馬、一身是膽的「常山趙子龍」。而此些人物形象、新的文化記憶，也廣為民間認同與接受。也正是在趙雲的文化記憶完成後，方才進一步成為信仰的對象。再者，臺灣的趙雲信仰呈現出兩種質性，一是護佑蒼生、濟世救民的宗教意義，二是儒經典常、勸化向善的道德秩序。前者關乎神秘體驗與信仰的在地化，後者為趙雲信仰的內在價值。而此一道德秩序，其價值判斷也正是華人社會的儒經典常。就「神道設教」言，儒經典常與道德秩序，也扣合著趙雲「完美」的人物形象而有所發揮。經、史、文三個面向共同組合而成趙雲信仰的重要底蘊。

　　整體而言，「三國學」以《三國志》史傳、《三國志演義》小說為核心，而後浸潤滲透至各式文本。不論是文史之際或是異文本間的連

結，「三國學」確實具「跨界」的質性與特色。本書在此一問題意識下，進行相關研究，而有如上所述的些許成果。「三國」為華人文化的重要主題、永恆經典，其研究的重要性當是不言可喻。也正因「三國」的影響是如此的廣泛，深入各個領域。相形之下，本書所能呈示的研究主題，相對於「三國學」體系架構而言，有如偃鼠飲河，實難以兼容並蓄。相關研究成果，也僅是面對「三國學」的萬種風華，嘗鼎一臠而略知肉味罷了。如經學與「三國學」的可能關係、數位人文加入「三國學」的可能碰撞、「三國學」於東亞漢學的傳播與影響等等，都是值得關注的研究課題。本書完稿的當下，下一階段的研究也已在進行，以「《春秋》學與三國學」為研究核心，並有初步成果。[1]日後當也能在本書所建立的「三國學」體系架構下，更加細緻的拓深、擴展「三國學」研究範疇與研究議題。

「三國學」做為一專門之學，有著豐厚多元又交叉影響的跨界樣貌，而於此遼闊天地中，也不免力有未逮。不論本書當前所凝望的主題與未盡之處，抑或是未來可能的展望與新的材料，都該繼續耕耘、盈科後進，以期積累更多的研究成果。在全書的最後，也想借用諸葛亮「依依東望」之語，作為本書結論的標題。吾輩得幸徜徉於中華文化的經典，投身「三國學」研究中，深情款款、依依東望。

---

[1] 112年度國科會專題研究計畫，「《三國志》引《左傳》考——陳壽《春秋》學蠡測」，計畫編號：NSTC 112-2410-H-031-067-，執行期間：112/08/01-113/07/31。113年度國科會專題研究計畫，「《春秋》經學與關帝信仰」，計畫編號：NSTC 113-2410-H-031-060-，執行期間：113/08/01-114/07/31。

徵引文獻

一　原典文獻

（一）經部

〔西漢〕孔安國傳，〔唐〕孔穎達等正義：《尚書正義》。收入〔清〕
　　　阮元校刻：《重栞宋本十三經注疏》，臺北：藝文印書公司，
　　　2011年。以下《重栞宋本十三經注疏》皆為此本，從省。

〔西漢〕毛亨傳，鄭玄箋，〔唐〕孔穎達等正義：《毛詩正義》，收入
　　　〔清〕阮元校刻：《重栞宋本十三經注疏》。

〔東漢〕何休注，〔唐〕徐彥疏：《春秋公羊傳注疏》，收入〔清〕阮
　　　元校刻：《重栞宋本十三經注疏》。

〔東漢〕趙岐注，〔宋〕孫奭疏：《孟子注疏》，收入〔清〕阮元校
　　　刻：《重栞宋本十三經注疏》。

〔東漢〕鄭玄注，〔唐〕孔穎達等正義：《禮記正義》，收入〔清〕阮
　　　元校刻：《重栞宋本十三經注疏》。

〔東漢〕鄭玄注，〔唐〕賈公彥疏：《周禮注疏》，收入〔清〕阮元校
　　　刻：《重栞宋本十三經注疏》。

〔魏〕王弼、韓康伯注，〔唐〕孔穎達等正義：《周易正義》，收入
　　　〔清〕阮元校刻：《重栞宋本十三經注疏》。

〔魏〕何晏等注，〔宋〕邢昺疏：《論語注疏》，收入〔清〕阮元校
　　　刻：《重栞宋本十三經注疏》。

〔晉〕杜預注，〔唐〕孔穎達等正義：《春秋左傳正義》，收入〔清〕
　　　阮元校刻：《重栞宋本十三經注疏》。

〔清〕皮錫瑞著，吳仰湘點校：《經學歷史》，北京：中華書局，2018
　　　年。

楊伯峻編著：《春秋左傳注》，高雄：復文圖書出版社，1991年。

（二）史部

〔西漢〕司馬遷著，〔南朝宋〕裴駰集解，〔唐〕司馬貞索隱，〔唐〕
　　　張守節正義：《史記》，北京：中華書局，2008年。

〔東漢〕班固著，〔唐〕顏師古注：《漢書》，北京：中華書局，2005
　　　年。

〔晉〕常璩著，任乃強校注：《華陽國志校補圖注》，上海：上海古籍
　　　出版社，2011年。

〔晉〕陳壽著，〔南朝宋〕裴松之注：《三國志》，北京：中華書局，
　　　2003年。

〔南朝梁〕沈約：《宋書》，北京：中華書局，1997年。

〔唐〕吳兢撰，謝保成集校：《貞觀政要集校》，北京：中華書局，
　　　2012年。

〔唐〕李百藥：《北齊書》，北京：中華書局，2008年。

〔唐〕房玄齡等著：《晉書》，北京：中華書局，2003年。

〔唐〕劉知幾著，〔清〕浦起龍釋，白玉崢校點：《史通通釋》，臺
　　　北：藝文印書館，1978年。

〔唐〕魏徵等著：《隋書》，北京：中華書局，1997年。

〔後晉〕劉昫等撰：《舊唐書》，北京：中華書局，2003年。

〔北宋〕王溥：《唐會要》，收入〔清〕紀昀等纂：《文淵閣四庫全
　　　書》，迪志文化出版公司出版之《文淵閣四庫全書電子版

（內聯網版）》，該系統使用臺灣商務印書館1986年出版之《景印文淵閣四庫全書》。以下《文淵閣四庫全書》皆為此本，從省。

〔北宋〕孟元老著，鄧之誠注：《東京夢華錄注》，香港：商務印書館，1961年。

〔北宋〕歐陽修等著：《新唐書》，北京：中華書局，1997年。

〔元〕脫脫等撰：《宋史》，北京：中華書局，1985年。

〔明〕高儒：《百川書志》，上海：上海古籍出版社，2005年。

〔明〕黃淮、楊士奇等編：《歷代名臣奏議》，收入〔清〕紀昀等纂：《文淵閣四庫全書》。

〔清〕王鳴盛撰，陳永和，王永平，張連生，孫顯軍校點：《十七史商榷》，南京：鳳凰出版社，2008年。

〔清〕李笠：《史記訂補》，收入《四庫未收書輯刊》陸輯·伍冊，北京：北京出版社，2000年。

〔清〕谷應泰：《明史紀事本末》，臺北：三民書局，1969年。

〔清〕張廷玉等撰：《明史》，北京：中華書局，2012年。

〔清〕章學誠著，葉瑛校注：《文史通義校注；校讎通義校注》，臺北：頂淵文化事業公司，2002年。

〔清〕愛新覺羅·胤禛：《世宗憲皇帝硃批諭旨》，收入〔清〕紀昀等纂，《景印文淵閣四庫全書》，臺北：臺灣商務印書館，1986年。

〔清〕趙翼著，曹光甫校點：《廿二史劄記》，南京：鳳凰出版社，2008年。

〔清〕趙翼著，曹光甫校點：《陔餘叢考》，上海：上海古籍出版社，2011年。

中央研究院歷史語言研究所校勘：《明實錄》，臺北：中央研究院歷史語言研究所，1966年。

趙爾巽等撰：《清史稿》，北京：中華書局，1977年。

盧弼：《三國志集解》，臺北：漢京文化，2004年。

（三）子部

〔魏〕劉邵：《人物志》，臺北：臺灣商務印書館，1967年。

〔隋〕王通：《文中子中說》，收入張元濟主編：《四部叢刊三編》第
　　　　39冊，臺北：臺灣商務印書館，1975年。

〔唐〕劉肅：《唐新語》，收入〔清〕紀昀等纂：《文淵閣四庫全書》。

〔唐〕劉餗撰，程毅中點校，〔唐〕張鷟撰，趙守儼儼點校：《隋唐嘉
　　　　話、朝野僉載》，北京：中華書局，1979年。

〔唐〕歐陽詢著，汪紹楹校：《藝文類聚》，上海：上海古籍出版社，
　　　　1999年。

〔唐〕魏徵、褚遂良、虞世南等編著：《群書治要》，臺北：世界書
　　　　局，2011年。

〔北宋〕蘇軾著，王松齡點校：《東坡志林》，北京：中華書局，1981
　　　　年。

〔南宋〕葉適：《習學記言》，收入王雲五主編：《四庫全書珍本三
　　　　集》第745冊，臺北：臺灣商務印書館，1972年。

〔明〕胡應麟：《少室山房筆叢》，收入〔清〕紀昀等纂：《文淵閣四
　　　　庫全書》。

（四）集部

〔三國〕諸葛亮著，段熙仲、聞旭初編校：《諸葛亮集》，北京：中華
　　　　書局，2014年。

〔南朝梁〕劉勰著，周振甫注：《文心雕龍注釋》，臺北：里仁書局，
　　　　1994年。

〔唐〕李商隱著,〔清〕馮皓箋注:《玉谿生詩集箋注》,臺北:里仁
　　書局,1981年。

〔北宋〕歐陽修著,李逸安點校:《歐陽修全集》,北京:中華書局,
　　2001年。

〔北宋〕蘇洵著,曾棗莊、金成禮箋註:《嘉祐集箋注》,上海:上海
　　古籍出版社,1993年。

〔南宋〕朱熹編:《二程遺書》,收入〔清〕紀昀等纂:《文淵閣四庫
　　全書》。

〔南宋〕扈仲榮、程遇孫:《成都文類》,收入〔清〕紀昀等纂:《文
　　淵閣四庫全書》。

〔明〕何喬新:《椒丘文集》,收入沈雲龍主編:《明文人集叢刊》第
　　50冊,臺北:文海出版社,1970年。

〔清〕章學誠:《章氏遺書外編》,北京:文物出版社,1985年。

〔清〕楊倫編輯、箋注:《杜詩鏡銓》,臺北:華正書局,2000年。

〔清〕董誥:《全唐文》,北京:中華書局,1983年。

〔清〕嚴可均校輯:《全上古三代秦漢三國六朝文》,北京:中華書
　　局,1958年。

(五)其他

〔元〕不著撰人:《新全相三國志平話》,建安虞氏刊本,現藏日本內
　　閣文庫。

〔明〕不著撰人:《三教源流聖帝佛祖搜神大全》,收入王秋桂、李豐
　　楙編:《中國民間信仰資料彙編》,臺北:臺灣學生書局,
　　1989年,第1輯第3冊。以下《中國民間信仰資料彙編》皆為
　　此本,從省。

〔明〕不著撰人:《關帝歷代顯聖志傳》,上海:上海古籍出版社,
　　1990年。

〔明〕徐道、程毓奇：《歷代神仙通鑑》，收入王秋桂、李豐楙編：
　　《中國民間信仰資料彙編》第1輯第10-17冊。

〔明〕羅貫中：《三國志通俗演義》，上海：上海古籍出版社，1994年。

〔明〕羅貫中：《李卓吾先生批評三國志》，臺北：天一出版社，1985
　　年。

〔明〕羅貫中：《明弘治版三國志通俗演義》，臺北：新文豐出版公
　　司，1979年。

〔明〕羅貫中：《新刻校正古本大字音釋三國志通俗演義》，臺北：天
　　一出版社，1985年。

〔明〕羅貫中原著，吳小林校注：《三國演義校注》，臺北：里仁書
　　局，1994年。

〔明〕羅貫中著，〔清〕毛綸、毛宗崗點評：《三國演義》，北京：中
　　華書局，2009年。

〔清〕毛宗崗評訂：《三國演義》，濟南：齊魯書社，1991年。

〔清〕李慈銘著，由雲龍輯，上海書店出版社重編：《越縵堂讀書
　　記》，上海：上海書店出版社，2000年。

〔清〕紀昀等纂：《四庫全書總目》，臺北：藝文印書公司，1989年。

〔清〕紀昀等纂：《文淵閣四庫全書總目》，收入〔清〕紀昀等纂：《文
　　淵閣四庫全書》。

不著撰人：《關聖帝君覺世真經》，臺北：正一善書出版社，2003年。

Olfert Dapper, "Gedenkwürdige Verrichtung Der Niederländischen Ost-
　　Indischen Gesellschaft in dem Käiserreich Taisingoder Sina,
　　durchihre Zweyte Gesandtschaft An den Unter-könig Singlamong
　　Und Feld-herrn Taising Lipoui", Amsterdam: Jacob van Meurs,
　　1676.

二　近人研究

（一）專書

《中國中古史研究》編委會編：《中國中古史研究‧第一卷》，北京：中華書局，2011年。

王文進：《裴松之《三國志注》析論——三國史的解構與重建》，臺北：新文豐出版社，2017年。

王志宇：《臺灣的恩主公信仰：儒宗神教與飛鸞勸化》，臺北：文津出版社，1997年。

王見川：《漢人宗教、民間信仰與預言書的探索：王見川自選集》，新北：博揚文化事業公司，2008年。

王明珂：《反思史學與史學反思：文本與表徵分析》，臺北：允晨文化實業公司，2015年。

王前程：《《三國演義》與傳統文化》，武漢：華中師範大學出版社，2007年。

王德毅、李榮村、潘柏澄等編：《元人傳記資料索引》，臺北：新文豐出版社，1979年至1982年。

王麗娟：《三國故事演變中的文人敘事與民間敘事》，濟南，齊魯書社，2007年。

甘懷真編：《東亞歷史上的天下與中國概念》，臺北：國立臺灣大學出版中心，2007年。

田餘慶：《秦漢魏晉史探微》，北京：中華書局，2006年。

江建俊：《于有非有，于無非無：魏晉思想文化綜論》，臺北：新文豐出版社，2009年。

何建明、王見川、高萬桑：《道藏集成‧第五輯：關帝卷》，北京：中國書店出版社，2020年。

何曉葦：《毛本《三國演義》研究》，成都：巴蜀書社，2013年。

余志挺：《裴松之《三國志注》研究》，臺北：花木蘭文化事業公司，
　　　　2008年。

余嘉錫著，周祖謨、余淑宜整理：《世說新語箋疏》，臺北：華正書
　　　　局，1991年。

吳金華：《三國志校詁》，南京：江蘇古籍出版社，1990年。

吳金華：《三國志叢考》，上海：上海古籍出版社，2000年。

宋文薰、李亦園、許倬雲、張光直編：《考古與歷史文化》，臺北：正
　　　　中書局，1991年。

李志宏：《「演義」──明代四大奇書敘事研究》，臺北：大安出版
　　　　社，2011年。

李紀祥：《時間‧歷史‧敘事》，臺北：華藝學術出版社，2013年。

李純蛟：《三國志研究》，成都：巴蜀書社，2002年。

李殿元、李紹先：《《三國演義》懸案解讀》，成都：四川人民出版
　　　　社，2004年

李樹桐：《唐史考辨》，臺北：臺灣中華書局，1972年。

李樹桐：《唐史索隱》，臺北：臺灣商務印書館，1988年。

李豐楙、朱榮貴主編：《性別、神格與臺灣宗教論述》，臺北：中央研
　　　　究院中國文哲研究所，1997年。

杜維運：《中國史學史》，臺北：三民書局，1998年。

沈伯俊：《《三國演義》新探》，成都：四川人民出版社，2002年。

沈伯俊：《沈伯俊說三國》，北京：中華書局，2006年。

沈伯俊：《羅貫中與三國演義》，臺北：遠流出版社，2007年。

周一良：《魏晉南北朝史論集》，北京：北京大學出版社，1997年。

周兆新：《《三國演義》考評》，北京：北京大學出版社，1990年。

周兆新主編：《三國演義叢考》，北京：北京大學出版社，1995年。

周建渝：《多重視野中的《三國志通俗演義》》，北京：中國社會科學
　　　出版社，2009年。

周思源：《周思源品賞三國人物》，北京：中華書局，2007年。

周勛初：《文史探微》，上海：上海古籍出版社，1987年。

林時民：《劉知幾史學論稿》，臺北：臺灣學生書局，2015年。

林朝成、張瑞麟主編：《第一屆《群書治要》國際學術研討會論文
　　　集》，臺北：萬卷樓圖書公司，2020年。

林進源：《臺灣民間信仰神明大圖鑑》，臺北：進源書局，1996年。

金性堯：《三國談心錄》，上海：中西書局，2011年。

侯百朋編：《琵琶記資料彙編》，北京：書目文獻出版社，1989年。

洪淑苓：《關公民間造型之研究：以關公傳說為重心的考察》，臺北：
　　　臺大出版中心，1995年。

胡小偉：《關公崇拜溯源》，太原：北嶽文藝出版社，2002年。

胡世厚主編：《三國戲曲集成》，上海：復旦大學出版社，2018年。

胡適著，季羨林主編：《胡適全集》，合肥：安徽教育出版社，2003年。

胡寶國：《漢唐間史學的發展》，北京：商務印書館，2003年。

夏志清著，何欣等譯，劉紹銘校訂：《中國古典小說》，臺北：聯合文
　　　學出版社，2015年。

徐　沖：《觀書辨音：歷史書寫與魏晉菁英的政治文化》，北京：北京
　　　大學出版社，2020年。

追雲燕：《臺灣民間信仰諸神傳》，臺北：逸群圖書公司，1993年。

馬植杰：《三國史》，北京：北京人民出版社，2004年。

張大可：《三國史研究》，北京：華文出版社，2003年。

張高評：《屬辭比事與《春秋》詮釋學》，臺北：新文豐出版公司，
　　　2019年。

張高評：《春秋書法與左傳史筆》，臺北：里仁書局，2011年。

張高評：《春秋書法與左傳學史》，臺北：五南圖書出版公司，2002年。

張高評主編、丁原基副主編：《民國時期文學研究叢書・第一編》第
　　　57冊，臺中：文听閣圖書公司，2011年。

張榮芳：《唐代的史館與史官》，臺北：私立東吳大學中國學術著作獎
　　　助委員會，1984年。

莊萬壽：《史通通論》，臺北：萬卷樓圖書公司，2009年。

許倬雲：《我者與他者：中國歷史上的內外分際》，臺北：時報文化出
　　　版社，2009年。

許凌雲：《劉知幾評傳》，南京：南京大學出版社，2011年。

郭英德：《讀三國、說英雄》，北京：北京師範大學出版社，2007年。

陳建功名譽主編、傅光明主編：《插圖本縱論三國演義》，濟南：山東
　　　畫報出版社，2006年。

陳弱水：《公義觀與中國文化》，臺北：聯經出版社，2020年。

陳寅恪：《金明館叢稿二編》，臺北：里仁書局，1981年。

陳寅恪：《金明館叢稿初編》，臺北：里仁書局，1981年。

陳翔華：《三國志演義縱論》，臺北：文津出版社，2006年。

傅樂成：《漢唐史論集》，臺北：聯經事業出版公司，2006年。

彭雅玲：《史通的歷史敘事理論》，臺北：文史哲出版社，1993年。

曾世豪：《明清小說倭患書寫之研究》，臺北：萬卷樓圖書公司，2020
　　　年。

游子安：《勸化金箴——清代善書研究》，天津：天津人民出版社，
　　　1999年。

華學誠主編：《文獻語言學（第四輯）》，北京：中華書局，2017年。

逯耀東：《魏晉史學及其他》，臺北：東大圖書公司，2000年。

逯耀東：《魏晉史學的思想與社會基礎》，臺北：東大圖書公司，2000
　　　年。

黃文榮：《論清代《三國志》之研究——以校勘、評論、補注為例》，
　　　臺北：花木蘭文化出版社，2007年。

黃華節：《關公的人格與神格》，臺北：臺灣商務印書館，1966年。

楊小平：《三國志研究史》，成都：四川大學出版社，2018年。

楊玉成、劉苑如主編：《今古一相接——中國文學的記憶與競技》，臺北：中央研究院中國文哲所，2019年。

楊自平：《羅貫中與《三國演義》》，臺北：五南圖書出版公司，2020年。

楊翼驤：《中國史學史講義》，天津：天津古籍出版社，2006年。

楊翼驤：《學忍堂文集》，北京：中華書局，2002年。

楊耀坤、伍野春著：《陳壽、裴松之評傳》，南京：南京大學出版社，2007年。

葛劍雄、周筱贇：《歷史學是什麼？》，北京：北京大學出版社，2002年。

葛劍雄：《統一與分裂：中國歷史的啟示》，北京：中華書局，2008年。

董每戡：《《三國演義》試論》，北京：北京出版社，2020年。

雷家驥：《中古史學觀念史》，臺北：臺灣學生書局，1990年。

臺灣趙子龍文化協會編著：《走訪趙子龍信仰》，臺南：臺灣趙子龍文化協會，2021年。

趙令揚：《關於歷代正統問題之爭論》，香港：學津出版社，1976年。

劉世德：《《三國志演義》作者與版本考論》，北京：中華書局，2010年。

劉世德：《劉世德話三國》，北京：中華書局，2007年。

劉海燕：《明清《三國志演義》的文本演變與評點研究》，福州：福建人民出版社，2010年。

劉海燕：《從民間到經典——關羽形象與觀與崇拜生成演變史論》，臺北：萬卷樓圖書公司，2019年。

劉靖之：《關漢卿三國故事雜劇研究》，香港：三聯書店香港分店，1987年。

歐陽健：《中國歷史小說史》，臺北：萬卷樓圖書公司，2017年。

潘銘基：《《漢書》及其春秋筆法》，北京：中華書局，2019年。

禚夢庵：《三國人物論集》，臺北：臺灣商務印書館，2005年。

蔡長林：《文章自可觀風色：文人說經與清代學術》，臺北：臺大出版
　　　　中心，2018年。

魯　迅：《魯迅小說史論文集：中國小說史略及其他》，臺北：里仁書
　　　　局，1992年。

盧曉衡主編：《關羽、關公和關聖：中國歷史文化中的關羽學術研討
　　　　會論文集》，北京：社會科學文獻出版社，2002年。

蕭登福、林翠鳳主編：《關帝信仰與現代社會論文集》，臺北：宇河文
　　　　化出版公司，2013年。

錢　穆：《中國學術思想史論叢》第3冊，臺北：東大圖書公司，1993
　　　　年。

錢　穆：《論語新解》，臺北：東大圖書公司，2004年。

錢鍾書：《管錐編》，北京：生活・讀書・新知三聯書店，2007年。

繆　鉞：《《三國志》與陳壽研究》，《繆鉞全集》第4卷，石家莊：河
　　　　北教育出版社，2004年。

鍾書林：《范曄之人格與風格》，北京：中國社會科學出版社，2010年。

瞿林東：《唐代史學論稿》，北京：北京師範大學出版社，1989年。

關四平：《三國演義源流研究》，哈爾濱：黑龍江教育出版社，2001年。

饒宗頤：《中國史學上之正統論——中國史學觀念探討之一》，臺北：
　　　　宗青圖書出版公司，1979年。

龔鵬程：《六經皆文：經學史／文學史》，臺北：臺灣學生書局，2008
　　　　年。

〔日〕小川環樹：《中国小說史の研究》，東京：岩波書店，1968年。

〔日〕中川諭著，林妙燕譯：《《三國志演義》版本研究》，上海：上
　　　　海古籍出版社，2010年。

〔日〕本田濟：《東洋思想研究》，東京：創文社，1987年。

〔日〕酒井忠夫等著：《民間信仰與社會生活》，上海：上海人民出版社，2011年。

〔美〕汪榮祖：《史學九章》，臺北：麥田出版公司，2002年。

〔美〕浦安迪著，沈亨壽譯：《明代小說四大奇書》，北京：生活‧讀書‧新知三聯書店，2006年。

〔美〕海登‧懷特著，陳永國、張萬娟譯：《後現代歷史敘事學》，北京：中國社科院出版社，2003年。

〔美〕海登‧懷特著，董立河譯：《話語的轉義——文化批評文集》，北京：大象出版社，2011年。

〔美〕海登‧懷特著，劉世安譯：《史元——十九世紀歐洲的歷史意象》，臺北：麥田出版公司，1999年。

〔美〕華萊士‧馬丁著，伍曉明譯：《當代敘事學》，北京：北京大學出版社，1990年。

〔美〕霍伊著，陳玉蓉譯：《批評的循環》，臺北：南方叢書出版社，1988年）。

〔英〕柯靈烏著，陳明福譯：《柯靈烏自傳》，臺北：故鄉出版社，1985年。

〔英〕凱斯‧詹京斯著，賈士蘅譯：《歷史的再思考》，臺北：麥田出版公司，1999年。

〔英〕魏安：《三國演義版本考》，上海：上海古籍出版社，1996年。

〔俄〕李福清（Борис Львович Рифтин）：《關公傳說與《三國演義》》，臺北：雲龍出版社，1997年。

〔荷〕田海著，王健等譯，王健校：《關羽：由凡入神的歷史與想像》，北京：新星出版社，2022年。

〔韓〕金文京著，邱嶺、吳芳玲譯：《《三國演義》的世界》，北京：商務印書館，2010年。

CK Yang, "Religion in Chinese Society: A Study of Contemporary Social Functions of Religion and Some of Their Historical Factors", Berkeley and Los Angeles: University of California Press, 1961.

（二）期刊論文

王見川：〈清代皇帝與關帝信仰的「儒家化」：兼談「文衡聖帝」的由來〉，《北臺灣科技學院通識學報》第4期，2008年6月，頁26-35。

王前程：〈《三國志》所載馬超「督臨沮」應為「督臨洮」之誤〉，《西華師範大學學報（哲學社會科學版）》網路首發論文，2021年4月，頁1-7。

王前程：〈《三國演義》的英雄觀與宋元忠義思潮——蜀漢忠義文化的基本內涵〉，《西華師範大學學報（哲學社會科學版）》第6期，2016年11月，頁49-55。

王前程：〈《三國演義》與古代將相文化〉，《中華文化論壇》第1期，2007年3月，頁71-75。

王前程：〈從趙雲形象的重塑看羅貫中的大義觀〉，《三峽大學學報（人文社會科學版）》第39卷第1期，2017年1月，頁91-97。

王前程：〈論趙雲的悲劇性命運及其成因〉，《內江師範學院學報》第31卷第7期，2016年7月，頁9-13。

王基倫：〈「《春秋》筆法」的詮釋與接受〉，《國文學報》第39期，2006年6月，頁1-34。

王見川：〈軍神、協天大帝、關聖帝君：明中期以來的關公信仰〉，《臺灣宗教研究通訊》第4期，2002年10月，頁263-279。

代繼華：〈《史通》研究五十年〉，《中國史研究動態》第1期，2000年2月，頁6-14。

吳金華：〈略談日本古寫本《群書治要》的文獻價值〉，《文獻》第3
　　期，2003年7月，頁118-127。

呂美泉：〈《三國志》研究編年史略（上）（中）（下）〉，分載《通化師
　　範學院學報》第3期，1999年6月，頁77-82。《通化師範學院
　　學報》第6期，1999年12月，頁38-43、54。《通化師範學院
　　學報》第1期，2000年2月，頁79-83。

呂美泉：〈本世紀《三國志》研究編年〉，《暨南學報（哲學社會科
　　學）》第5期，1999年9月，頁98-105。

李志宏：〈「野史」與「演義」的關係：以「三言」、「二拍」為考察中
　　心〉，《中正漢學研究》第24期，2014年12月，頁127-157。

李志宏：〈「話本」與「演義」的關係：以〈《古今小說》敘〉為討論
　　中心〉，《中正漢學研究》第21期，2013年6月，頁127-158。

李威熊：〈劉知幾以史論經之平議〉，《逢甲人文社會學報》第16期，
　　2008年6月，頁1-23。

李紀祥：〈中國史學中的兩種「實錄」傳統——「鑒式實錄」與「興
　　式實錄」之理念及其歷史世界〉，《漢學研究》第43期，2003
　　年12月，頁367-390。

李紀祥：〈臺灣地區《史通》研究之回顧（1949-1994）〉，《國立編譯
　　館館刊》第25卷第1期，1996年6月，頁101-134。

李豐楙：〈制度與擴散：戰後臺灣火居道教的兩個宗教面向——以臺
　　灣中部的道壇道士為例〉，《臺灣宗教研究》第2卷第1期，
　　2012年12月，頁109-143。

李豐楙：〈從成人之道到成神之道——一個臺灣民間信仰的結構性思
　　考〉，《東方宗教研究》新4期，1994年10月，頁184-207。

李豐楙：〈暴力敘述與謫凡神話：中國敘事學的結構問題〉，《中國文
　　哲研究通訊》，第17卷第3期，2007年9月，頁147-158。

林盈翔：〈毛本《三國志演義》回目研究〉，《有鳳初鳴年刊》第5期，
　　2009年10月，頁130-135。

林盈翔：〈曲筆書弒，以史傳真——《三國志》曹髦被弒之《春秋》
　　書法〉，《成大中文學報》第53期，2016年6月，頁1-32。

林盈翔：〈習鑿齒《襄陽記》與臥龍、鳳雛並稱的源起——兼論《三
　　國志演義》中龐統角色的成敗〉，《雲漢學刊》第18期，2009
　　年6月，頁25-53。

林郁迢：〈論嘉靖本《三國志通俗演義》對讀者頓失劉、關、張之
　　「療癒」寫作策略〉，《思與言：人文與社會科學期刊》第58
　　卷第3期，2020年9月，頁125-165。

林桂如：〈書業與獄訟——從晚明出版文化論余象斗公案小說的編纂
　　過程與創作意圖〉，《中國文哲研究集刊》第39期，2011年9
　　月，頁1-39。

林朝成：〈《群書治要》與貞觀之治——從君臣互動談起〉，《成大中文
　　學報》第67期，2019年12月，頁101-142。

林溢欣：〈從日本藏卷子本《群書治要》看《三國志》校勘及其版本
　　問題〉，《中國文化研究所學報》第53期，2011年7月，頁
　　193-216。

邱詩雯：〈治要與成一家言：論《群書治要》對《史記》的剪裁與再
　　造〉，《成大中文學報》第68期，2020年3月，頁43-72。

侯建明：〈金澤本《群書治要》對《史記》、《漢書》校正十三則〉，
　　《古籍整理研究學刊》第4期，2020年7月，頁50-54。

柳存仁：〈羅貫中講史小說之真偽性質〉，《中國文化研究所學報》第8
　　卷第1期，1976年12月，頁169-234。

洪淑苓：〈文人視野下的關公信仰——以清代張鎮《關帝志》為例〉，
　　《漢學研究集刊》第5期，2007年12月，頁139-166。

胡勝源：〈「齊元」之爭與「高祖」更易——高歡、高洋歷史地位的改換〉，《漢學研究》，第38卷第2期，2020年6月，頁91-132。

高振宏：〈虛靖天師傳說研究——筆記、小說與道經的綜合考察〉，《政大中文學報》第23期，2015年6月，頁131-170。

張文諾：〈論趙雲形象的文化書寫與時代鏡像〉，《商洛學院學報》第32卷第5期，2018年10月，頁34-41。

張瑞麟：〈轉舊為新：《群書治要》的編纂與意義〉，《文與哲》第36期，2020年6月，頁81-134。

陳俊偉：〈「並列思維」與五虎將——《三國演義》醜化魏廷的意義新探〉，《東華中國文學研究》第10期，2011年10月，頁27-50。

陳俊偉：〈魚豢《魏略》的宮闈秘事之敘述傾向——以王沈《魏書》、陳壽《三國志》為參照〉，《漢學研究》第33卷第4期，2015年12月，頁109-140。

陳香琿：〈「五虎將」結構下的趙雲形塑——從史料素材到演義小說的藝術軌跡〉，《東華中國文學研究》第11期，2012年12月，頁99-120。

曾世豪：〈書生膽氣，大將才識——論《三國演義》文武關係與治亂隱喻〉，《漢學研究》第38卷第4期，2020年12月，頁133-167。

曾世豪：〈操之忠，漢之賊也：論《三國演義》曹魏人物之「忠義」評價〉，《淡江中文學報》第44期，2021年6月，頁101-134。

游子安：〈敷化宇內：清代以來關帝善書及其信仰的傳播〉，《中國文化研究所學報》第50期，2010年1月，頁219-253。

黃庭碩：〈時代的異音：劉知幾及其友朋的學思特色探析〉，《早期中國史研究》第11期，2019年12月，頁171-248。

楊　雪：〈論《三國演義》中的趙雲形象〉，《文學研究》第1期，2014年1月，頁21-22。

萬建中：〈民間傳說的虛構與真實〉，《民族藝術》第3期，2005年9月，頁71-75、108。

葉威伸：〈從史籍、小說到民間信仰與傳說探究趙雲形象之遞嬗〉，《臺北城市科技大學通識學報》第5期，2016年4月，頁47-68。

葉常泓：〈劉知幾《史通》篇章存闕釋疑〉，《書目季刊》第51期，2017年9月，頁65-81。

劉海波：〈近十年來《史通》研究的回顧與前瞻〉，《中國史研究動態》第6期，2012年12月，頁56-60。

劉熹桁：〈趙雲形象演變的原因與意義探究——以《三國志》、《三國演義》和《見龍卸甲》為藍本〉，《佳木斯教育學院學報》第1期，2012年1月，頁36-38。

潘銘基：〈《群書治要》所見《漢書》及其注解研究——兼論其所據《漢書》注本〉，《成大中文學報》第68期，2020年3月，頁73-114。

潘銘基：〈日藏平安時代九条家本《群書治要》研究〉，《中國文化研究所學報》第67期，2018年7月，頁1-40。

閻鴻中：〈義例、名教與實錄——劉知幾史學思潮溯義〉，《臺大歷史學報》第31期，2003年6月，頁77-122。

謝予騰：〈論三國故事對街亭之戰情節之改編及馬謖人物形象轉變之意義〉，《中正漢學研究》第39期，2022年6月，頁29-50。

謝明憲：〈「泰始為斷」的歷史書寫：《晉書》限斷的難題與陸機的新義〉，《臺大中文學報》第49期，2015年6月，頁99-128。

（三）會議論文

王文進：〈由「五虎將」的塑造談《三國演義》對史籍的融鑄與創

造——以馬超為主的觀察〉,「第六屆實用中文寫作策略學術研討會」,臺南:國立成功大學,2010年12月。

張珮瑜:〈論《群書治要》引《吳志》所見「嫡庶觀」〉,「2022道南論衡全國研究生學術研討會」,臺北:國立政治大學中國文學系,2022年11月5日。

黃聖松、陳展松:〈以「干支配應八卦」理論建構臺灣關聖帝君籤詩析論〉,「籤詩文化國際學術研討會」,臺南:國立成功大學中國文學系,2021年11月5日。

(四)學位論文

王　威:《趙雲形象史研究》,杭州:浙江大學中國古代文學系碩士論文,2011年。

王潤農:《唐代詩歌中的三國圖像》,臺北:東吳大學中國文學系碩士論文,2002年。

汪　燦:《論趙雲形象的文本變遷與演變軌跡》,武漢:華中師範大學中國古代文學系碩士論文,2012年。

沈　雲:《古寫本《群書治要·後漢書》異文研究》,上海:復旦大學漢語言文字學博士論文,2010年。

林盈翔:《《三國志》「《春秋》書法」研究》,臺南:國立成功大學中國文學研究所博士論文,2016年。

林溢欣:《《群書治要》引書考》,香港:香港中文大學中國語言及文學系碩士論文,2011年。

洪觀智:《《群書治要》史部研究——從貞觀史學的致用精神談起》,臺北:國立臺灣大學中國文學系碩士論文,2015年。

張日郡:《晚清以降《三國志演義》故事新編研究》,臺北:國立臺灣大學中國文學系博士論文,2015年。

張谷良：《諸葛亮民間造型之研究》，花蓮：國立東華大學中國語文學系博士論文，2005年。

張谷良：《諸葛亮戲曲造型之研究》，臺北：國立臺灣大學中國文學系碩士論文，1999年。

張　杰：《《史通》之「前四史」批評》，武漢：華中師範大學中國史研究所碩士論文，2017年。

陳香璉：《《三國志演義》中「五虎將」結構之探討》，花蓮：國立東華大學中國語文學系碩士論文，2012年。

葉威伸：《趙雲信仰與傳說研究——以中國與臺灣為考察範圍》，花蓮：國立東華大學中國語文學系博士論文，2020年。

葛　軍：《劉知幾關於三國史學論斷之研究》，石家莊：河北師範大學中國歷史研究所碩士論文，2013。

劉文菁：《《三國演義》五虎將人物形象研究》，宜蘭：佛光大學文學系碩士論文，2010年。

謝政修：《聖傳、聖訓與聖蹟：清代關聖帝君「全書」刊行之意義與信仰內涵》，臺北：國立臺灣大學中國文學系博士論文，2021年。

文學研究叢書・古典文學叢刊 0803019

三國學跨界研究

作　　者	林盈翔
責任編輯	林涵瑋
發 行 人	林慶彰
總 經 理	梁錦興
總 編 輯	張晏瑞
編 輯 所	萬卷樓圖書股份有限公司
排　　版	林曉敏
印　　刷	百通科技股份有限公司
封面設計	菩薩蠻數位文化有限公司

發　　行　萬卷樓圖書股份有限公司
　　臺北市羅斯福路二段 41 號 6 樓之 3
　　電話 (02)23216565
　　傳真 (02)23218698
　　電郵 SERVICE@WANJUAN.COM.TW
香港經銷　香港聯合書刊物流有限公司
　　電話 (852)21502100
　　傳真 (852)23560735

ISBN 978-626-386-011-7
2024 年 8 月初版
定價：新臺幣 320 元

如何購買本書：

1. 劃撥購書，請透過以下郵政劃撥帳號：
   帳號：15624015
   戶名：萬卷樓圖書股份有限公司
2. 轉帳購書，請透過以下帳戶
   合作金庫銀行　古亭分行
   戶名：萬卷樓圖書股份有限公司
   帳號：0877717092596
3. 網路購書，請透過萬卷樓網站
   網址 WWW.WANJUAN.COM.TW

大量購書，請直接聯繫我們，將有專人為您
服務。客服：(02)23216565 分機 610

如有缺頁、破損或裝訂錯誤，請寄回更換
版權所有・翻印必究
Copyright©2024 by WanJuanLou Books CO., Ltd.
All Rights Reserved　　　　Printed in Taiwan

國家圖書館出版品預行編目資料

三國學跨界研究 / 林盈翔作.-- 初版.-- 臺北
市：萬卷樓圖書股份有限公司, 2024.08
　　面；　公分.--(文學研究叢書. 古典文學叢
刊；0803019)
ISBN 978-626-386-011-7(平裝)

1.CST: 三國文學　2.CST: 中國文學史

820.9023　　　　　　　　　　112018646